もくじ

その37　おみそ……5
その38　川……23
その39　引　退……41
その40　借金王……59
その41　炎のレイパー……79
その42　急　募……97
その43　侵　略……115
その44　大空に向かって……135
その45　にせドランカー……153
その46　竹田、おっぱいをもむ……173
その47　根性あります……191

その37　おみそ

最近 どうも
おかしい・・・・
皆さんは こんな経験
ございますか？
例えば楽しそうに
話している
二人の間に・・・・
ロドリゲス!!
や・・・・・
やぁ・・・・・
「ロドリゲス」というあいさつの理由も
聞いてくれずに 会話を止めて
そそくさと逃げて行く
そそくさ
そそくさ

ムカつくので一発ずつ殴っておこう‥‥
いてっ
うおりゃあぁ
竹田の場合 遠くで目があったにもかかわらず
お！竹田
す…
!?
おい竹田!!
オ‥‥オウ！
ゴメン気づかなかった
などとぬかす‥‥
気に入らないので大ボラを流しとこう‥‥
あいつモモのリンパ腺にビー玉がつまってんだってよ
へーそう
えっ・何っ・何っ
ヒラヒラのいい女に変装しても木之下は近づこうとしない‥‥テレてるのか？

親友のはずの井沢など
もっとロコツだ
えー
でさあ
前野
おことわり!
ダメ
バカ
何だっ
!?
ダン
何が起こったと
いうのだ!?
オレが何か
したっていうのか?
確かに黙って
グアムに行き
小麦色になった
……
しかしそれは
井沢も同じ
わからない……
さっぱりわからない
おい
何
こんな所で
うずくまって
てんだ?

京子ちゃあああああん
うお〜
うぷお〜〜
何だよ オイ はなせよ!!
はっはは ははは
笑い事じゃないよ
ねぇ あいつらに何か言われてない?
こんなちっちゃこい紙がまわってきたとかさぁ・・・
前野シカト!!
そんなのないよ
ふっ・・・・ でもさぁー

お前もケッコー
まわりを気にしてん
だな シカトされて
泣いちゃってるし
ピクッ
まるで女の子の
仲よしグループ
だね!
シカトされた女の子は
たいていワンランク下の
グループに入るんだよ
お前もそうしたら?
誰がそんな
ダッセー事するか!!
ならば一人で生きてく
ほうがマシだ!!
いいか ねえちゃん
おれを甘く見るなよ!
オレは前野だ!!
あんなカスどもに
嫌われよ——が
ど——って事
ないんだよっ!!

フンッ
フンッ
……何だ
アイツ……
フンッ
フンッ
くらあ～
ヘナヘナ
ペト
んん～～～
また吠えてしまったのね……
本当はとっても
弱いクセに……
ゴメンよ
僕の中の
淋シ・ガーリ
君……

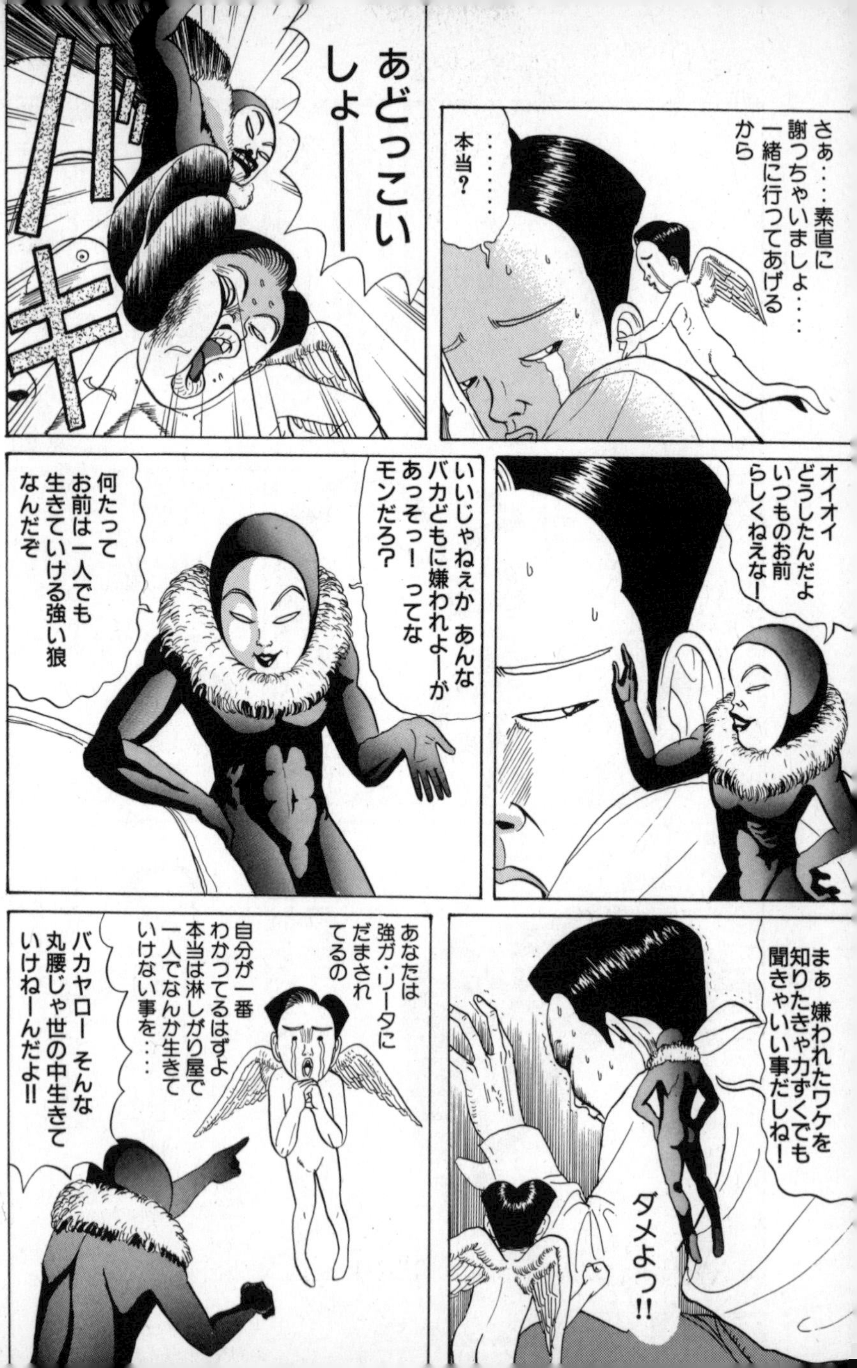

さぁ・・・素直に 謝っちゃいましょ・・・・・ 一緒に行ってあげる から
・・・・・・本当？
あどっこい しょーーー
オイオイ どうしたんだよ いつものお前 らしくねえな！
いいじゃねぇか あんな バカどもに嫌われよーが あっそっ！ ってな モンだろ？
何たって お前は一人でも 生きていける強い狼 なんだぞ
まぁ 嫌われたワケを 知りたきゃ力ずくでも 聞きゃいい事だしね！
ダメよっ!!
あなたは 強ガ・リータに だまされ てるの
自分が一番 わかってるはずよ 本当は淋しがり屋で 一人でなんか生きて いけない事を・・・・
バカヤロー そんな 丸腰じゃ世の中生きて いけねーんだよ!!

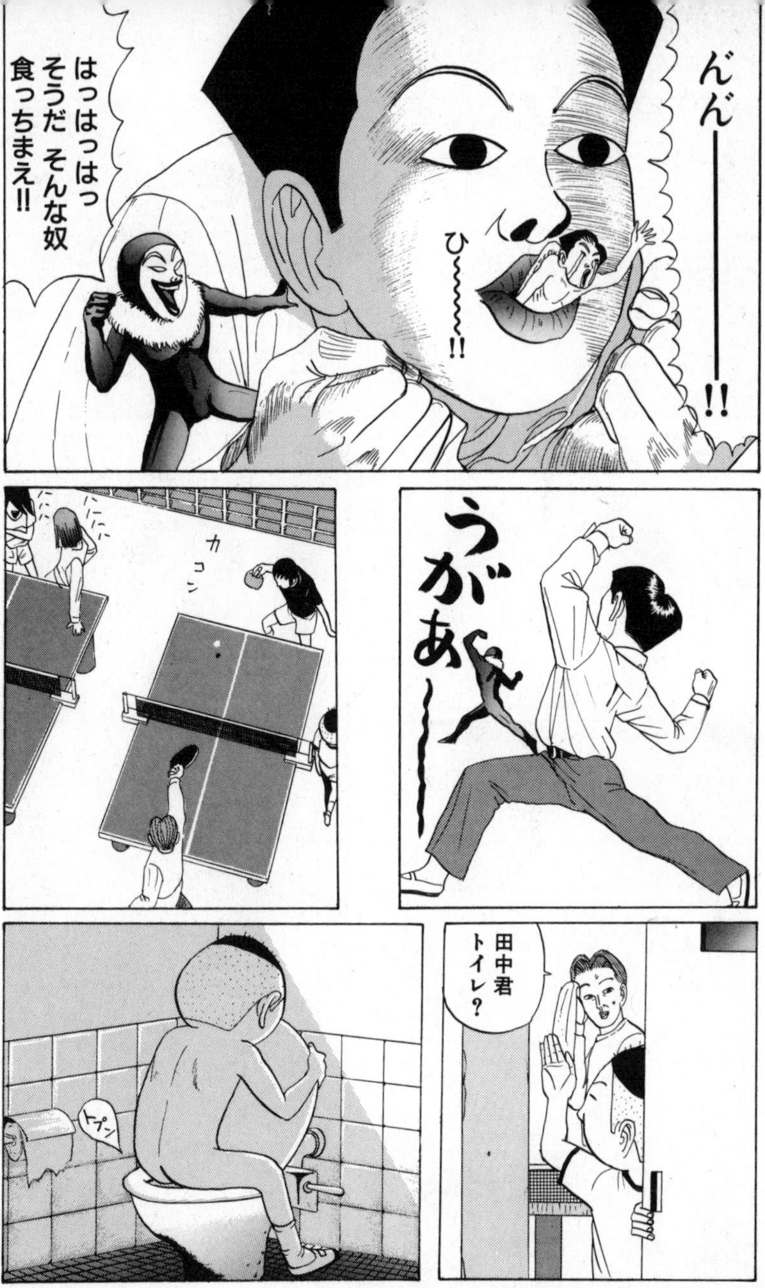
んん――――!!
ひ～～～～!!
はっはっはっ そうだ そんな奴 食っちまえ!!
うがあ～～～
カコン
田中君 トイレ?
トプン

すと
よお
小僧 何が
どうなってんのか
話してみろ!!
さもないと
・・・・
こんなに狭いのに
リフティング
するぞーーー
ドカ
はいっ
いっかーい
にかーい
さんか～～～
あっ失敗!!
ドンー
ドドンー
ドカッ
ポーン

さぁ
はけ——!!
あ〜
あ〜
没収
ええ——
卓球部
前野に奇襲《おそ》われた——!?
まずいなぁ…あいつ勘付いちゃってたかぁ…
ちゃんとオシリふいてきたのか?
明日の事言ってないだろうな!
WEEKLY
YOUNG

よし！みんな気をつけろよ もし奇襲されても田中のように絶対口を開くな！
わかってるあいつに知られたら楽しい計画が台無しだ!!
明日の事？
楽しい計画？
明日は土曜日・・・
何だ・・・何があるんだ!?
また眠れなくなっちゃうぞ！聞いちまえ！殴ってでも奴らから聞いちまえ!!
ぬうっ・・・・・・

よ～～～し 見てろぉ～～～
そうだ ガツーンと行け ガツーーンと!!
行っちゃダメーー!!
今 行ったら彼らの計画が台無しになっちゃう!!
だから何の計画かを聞きに行くんだよ!
そーだ バカ 腰抜けはすっこんでろ!!
まだ気づかないの おバカさん よく考えなさいっ!!
うるせえ お前 あっち行けーー
ガッ
ガッ
明日は何の日か忘れたのーー!?

明日はボクの誕生日

……
ん……まぁ……
祝いたいっていうなら付き合ってもいいけどよ……
また強がっちゃって
べっ別に!!
はっはっはっはっはっはっ
は——はっはっはっ
はぁ〜〜〜〜はっはっはっはっはぁ
フー
フー
こうして前野は部員達の期待にこたえるべく夜遅くまでローソクの消し方を練習していた……
わぁっ
コテ
コテ
コテ
そうそううまいうまい

キーンコーンカーン
そして翌日の放課後——
ギクシャク
ギクシャク
ダメよ そんなギクシャクしちゃ もっと自然に!
おっ おうさ!
いい? 何も知らなかったんだからね 何も!
わかってるよ!
ガラッ
おーーすっ!!
はあ〜……

ん？
ん？
ダメよ前野君!!
すす…
ドキッ!!
ドキ
ドキ
ドキ
ドキ
あ
前野 最近 冷たくして悪かったなぁ……実はさぁ
来たっ!!
今日 オレら五人と女子テニス部五人で遊園地に行くはずだったんだ…
ちょうどお前いなくてさ…気を悪くしないでくれよ
いきなり練習試合がはいったなんてぬかしやがってよ

GO・・・・
ガぁ
おぉおぉおぉお
みんな
ありがとう
えへへへ

その38　山

ゴーー ゴーー 田辺ーー
ランニング ホームラン軒
ゴーー ゴーー 田辺ーー
中華料理 ランニング ホームラン軒
どうしたーー あと一口!!
0 750 800 660
ジャンボギョーザ!!
これ↓
残さず食べた方は タダ+3000円!!
一気にいけーー
一気にーー
うう〜〜〜
クチャ
クチャ
パク
やったーー!!

見たかオヤジ！稲中の田辺をナメるなよ!!
全部食ったからタダだろ!?
ああ・・・・彼はタダだけど
おめ———らは払えよ
ジャンボギョーザ食われてやんの!!
がはは
何かすげ——笑える!!
ぬうっ・・・・・
ははははは
じゃ——なオヤジまた来るぜ——
もう来んな!!
いや〜〜〜でも大したもんだ
ああすげぇよ

田辺にこんな才能があるとはなぁ
超かっこよかったぜ
何か照れちゃうなぁ
僕も最初出てきた時はビックリしたよ
まさかあそこまでジャンボとは
正直言ってオレは田辺をタダのでくのボウだと思っていた
しかし今日のお前を見てオレが思った事は・・・・
抱かれてみたい度NO.1だ!!
キャッ衝撃的告白♡
オイ今夜あたり誘ってみろよ前野を抱けるかもしれねえぜ♡
やめてよさっきからもどしそうなのに・・・・

うっ
ゲップウゥ
ふ〜〜〜
ビックリさせやがって・・・・
ん？
ぐお―― 鼻センしてても
キツイッす――
目がぁ〜〜〜
目がぁ〜〜〜
何だ!? 何のつもりだ!?
新しい攻撃なのか!?
しょーがないじゃん
あんなギョーザ
食べたんだから・・・・

あ〜〜〜
気持ち悪い
早く帰ろう
よ
お前は地球に
やさしくない
人間だ！
毒ガス
王子!!
あ〜〜〜
誰か──
誰か助けて
くださ──い
ん？
カオル〜〜〜
カオル〜〜〜〜
ママッぱっ
ママッぱっ

大変だっ!!
子供が溺れてるっ!!
わくわく
わくわく
わく
わくわく
え!?
ちょっと何ワクワクしてんのさ!!
僕 食べすぎで動けないよ!!
お前が一番川に近い
君達が下がったんじゃないか――
行け田辺!! あの子を助けたら 今日二冠王だぞ!! 二冠王!!
もし あの子が大きくなってすごく有名な人になったら
お前 おいしすぎるぞ!!
何言ってんの井沢君!?
ったく 人命がかかってるのに君達って人は!!
もういいよ!!
ダッ

はっ
ああっ カオル〜〜〜
ゴホッゴホッ ありがとう お兄ちゃん ・・・
そんなのいいから さぁ 早くあがろう

くさいっ!!
あれ?
そういえば僕は……
泳げなかったんだ……
オイオイ 田辺溺れてるぜ……
あいつ泳げないんだっけ……

きっとどっかの何かにひっかかるさ
コイツゥあいまいだなぁ
ははは はは
あれぇ~~いないね~~
もう十分は歩いたぞ

あっ
いた――――!!
ひ〜〜 重い〜〜〜
…………浅い
お―――い 田辺〜〜〜 おきろ〜〜〜
パチ
パチ

ふざけてないで起きろよ!
ちょっと待て!!
コイツ……
息してない
ええええええ
ボォクゥドザえも〜〜〜ん
おきろ〜〜〜田辺〜〜〜死ぬな――
ずどどどど
えーっとこーゆー時はえーっと
んっ!!んっ!!

人工呼吸
できん!!

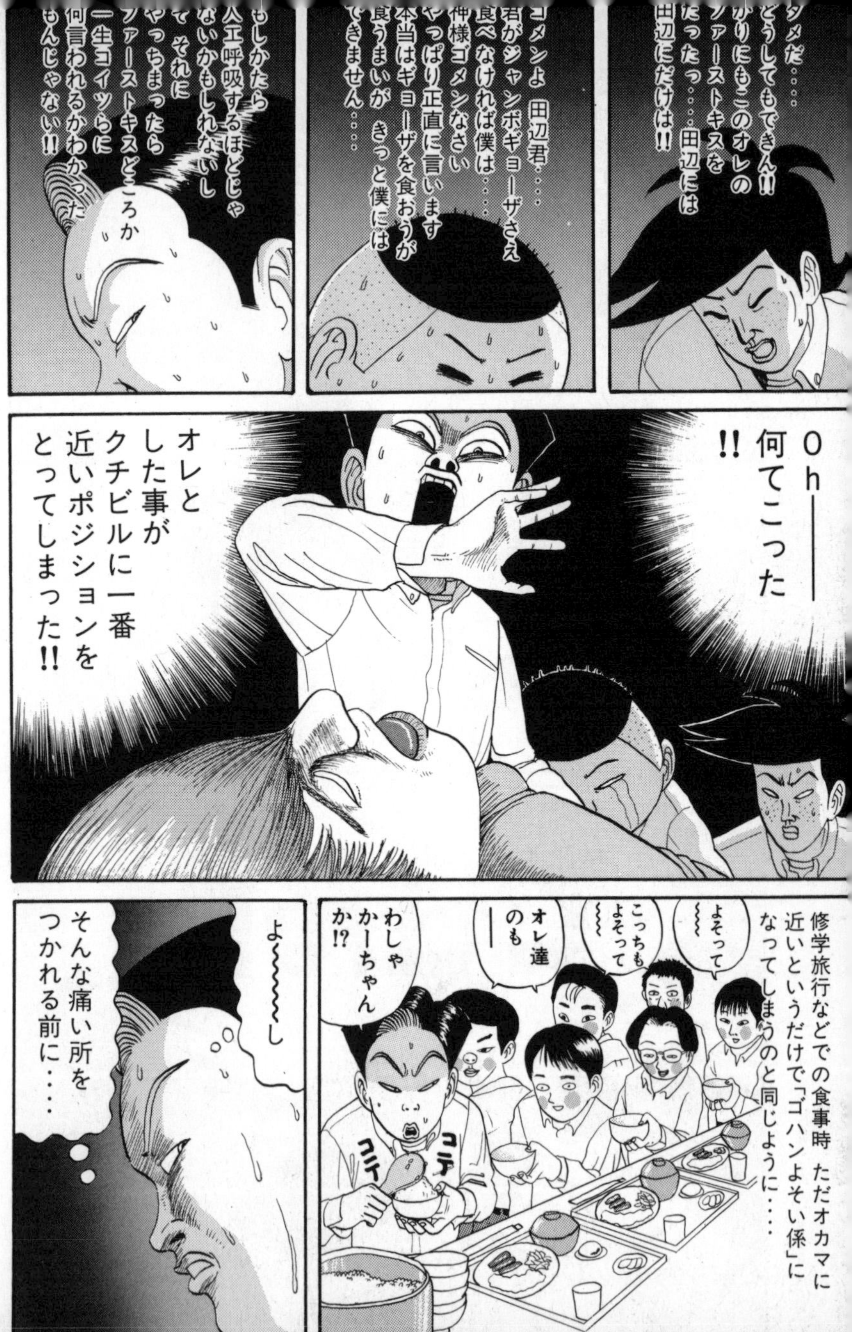
ダメだ……
どうしてもできん!!
かりにもこのオレのファーストキスをたったっ……田辺には
田辺にだけは!!
ゴメンよ 田辺君……
君がジャンボギョーザさえ食べなければ僕は……
神様ゴメンなさい
やっぱり正直に言います
本当はギョーザを食おうが食うまいが きっと僕にはできません……
もしかたら人工呼吸するほどじゃないかもしれないし
て それに
やっちまったらファーストキスどころか一生コイツらに何言われるかわかったもんじゃない!!
Oh—— 何てこった!!
オレとした事がクチビルに一番近いポジションをとってしまった!!
修学旅行などでの食事時 ただオカマに近いというだけで「ゴハンよそい係」になってしまうのと同じように……
よそって〜〜
こっちもよそって〜〜
オレ達のも—
わしゃかーちゃんか!?
コテ
コテ
よ〜〜〜〜し
そんな痛い所をつかれる前に……

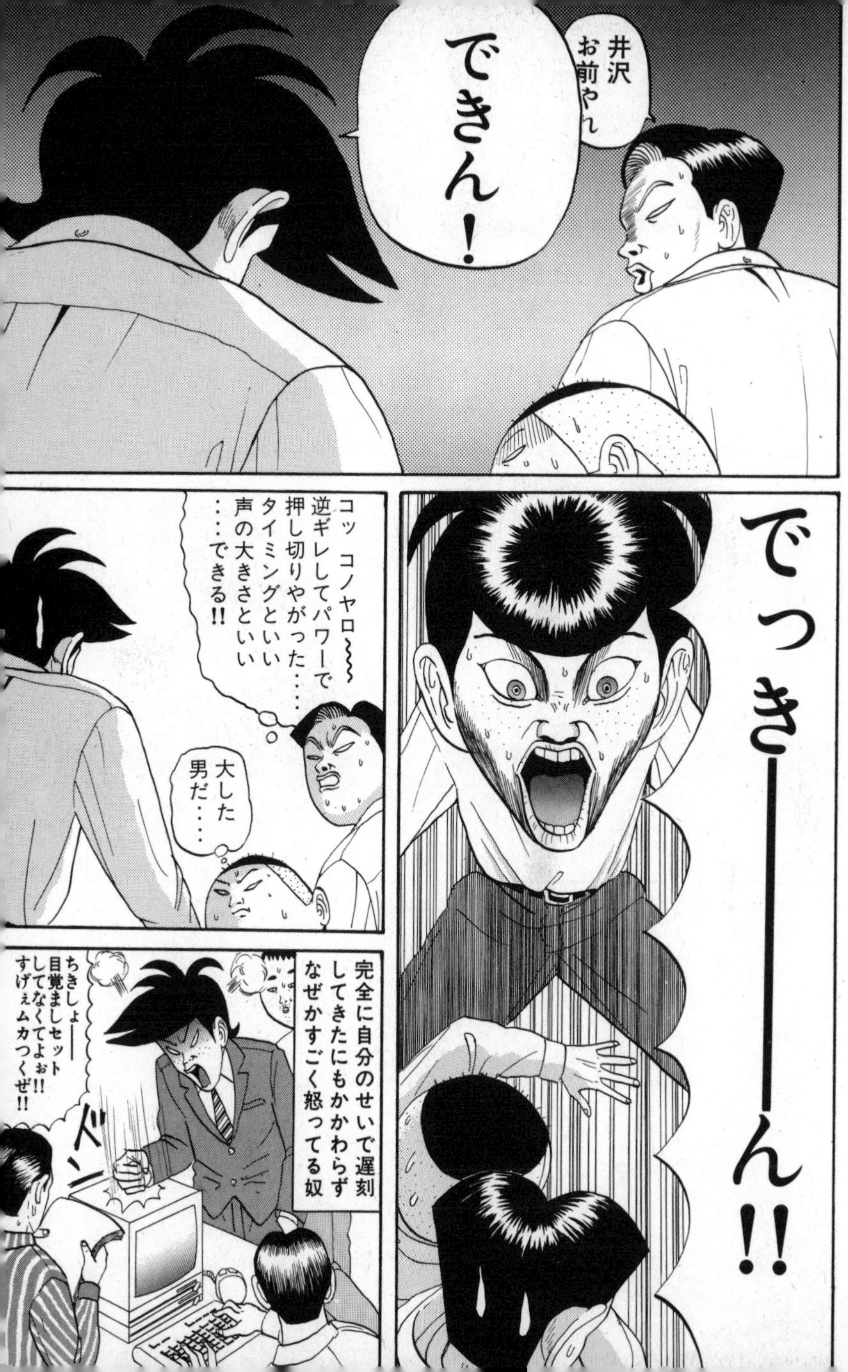
井沢 お前やれ
できん!
でっきーーん!!
コッ コノヤロ〜〜 逆ギレしてパワーで押し切りやがった…… タイミングといい声の大きさといい……できる!!
大した男だ……
完全に自分のせいで遅刻してきたにもかかわらずなぜかすごく怒ってる奴
ちきしょーー 目覚ましセットしてなくてよぉ!! すげぇムカつくぜ!!
ドン

ガッ
!?
田中〜〜〜 お前
親友なんだろ〜〜〜
やってやれよ
後悔するぜ〜〜〜
んぐっ
はうっ!!
おいっ
ゴロゴロゴロ
ゴロゴロゴロ
ゴッ

田中……
おい
何やってんだ
こんな所で?
ん?
オイオイ
コイツ
息してねぇぞ!!

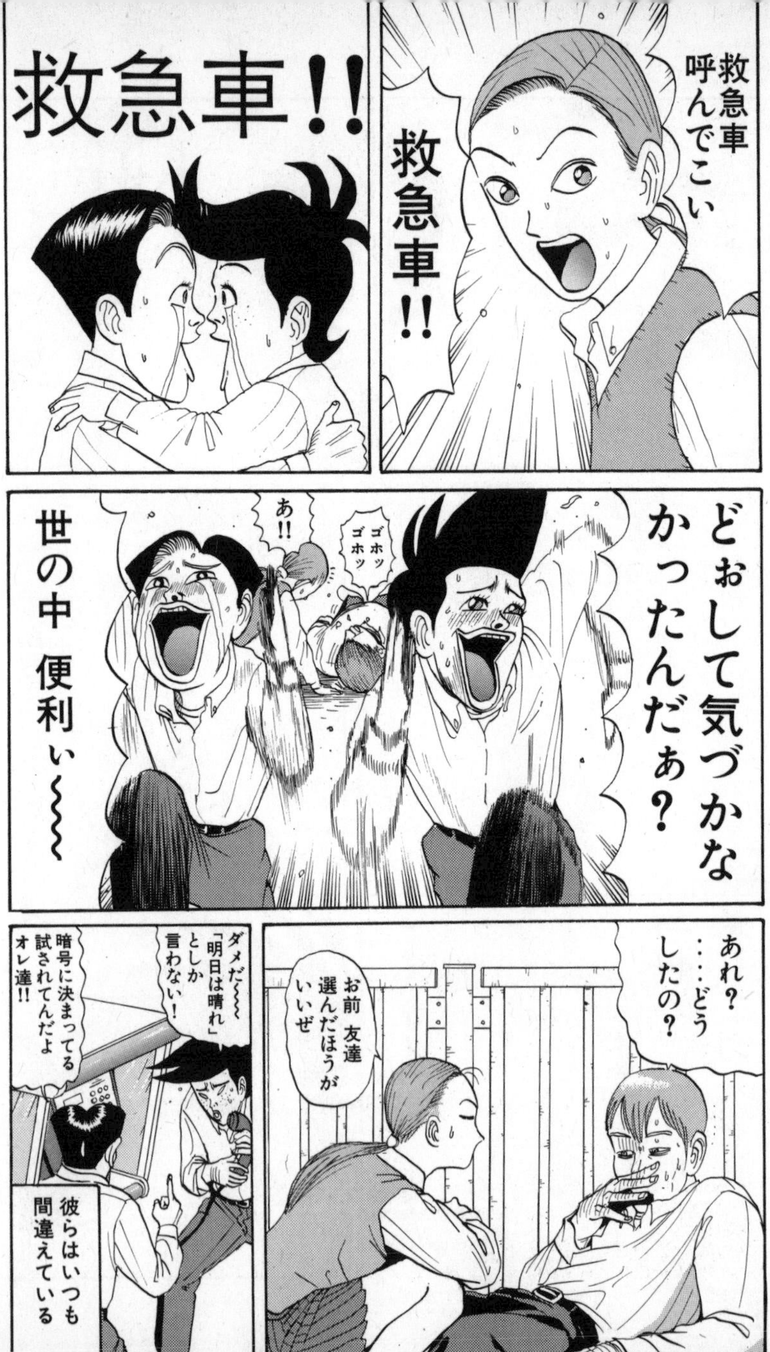
救急車
呼んでこい
救急車!!
救急車!!
どぉして気づかなかったんだぁ?
あ!!
ゴホッ
ゴホッ
世の中 便利ぃ〜〜〜
あれ?…どうしたの?
お前 友達選んだほうがいいぜ
ダメだ〜〜「明日は晴れ」としか言わない!
暗号に決まってる
試されてんだよ
オレ達!!
彼らはいつも
間違えている

その39　引退

こんにちはーー 遊びに 来ましたーー
あれ？
今日は 外練習だよ
あの〜〜 私も お手伝いして かまいませんか？
別に いいんじゃない
やったぁーー 運動着 持ってきてよかったー
カチッ

その39　引　退

ちょっと あんた コレ!?
ああ――
何でも ないんです
ははははは 忘れて 忘れて!
そんなに隠す 事ないけど さぁ……
……はい
ちょっと 聞いていい?
井沢のどこが いいわけ?
ん〜〜〜
どこがいいかと 聞かれると困るけど ……何となく やさしいし……
それによく見ると カッコイイし 意志が強いし 面白いし そのくせ シャイだし でも 髪型は変かなって 思うけど……
ダメだ 完全に イッてる……

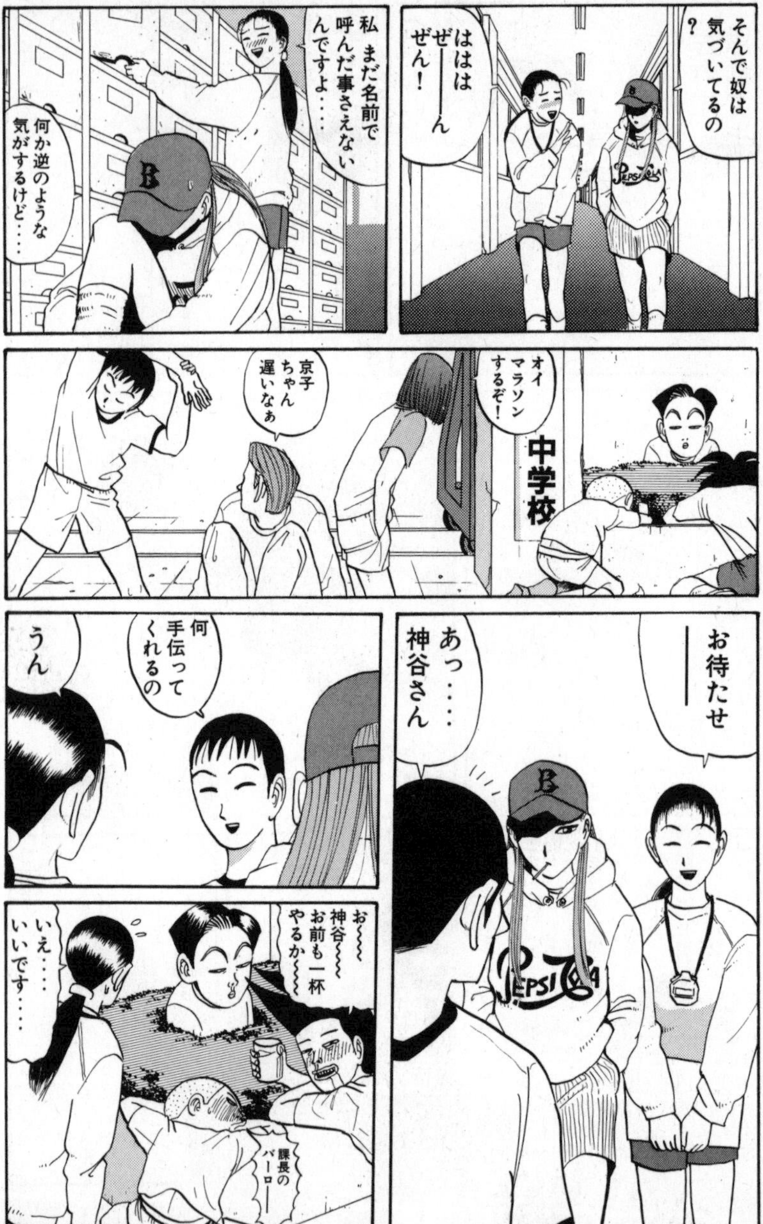

そんで奴は気づいてるの？
ははは ぜーーーんぜん！
私 まだ名前で呼んだ事さえないんですよ‥‥
何か逆のような気がするけど‥‥
オイ マラソンするぞ！
中学校
京子ちゃん 遅いなぁ
お待たせ――
あっ‥‥神谷さん
何 手伝ってくれるの
うん
お〜〜〜 神谷〜〜〜 お前も一杯やるか〜〜〜
いえ‥‥いいです‥‥
課長のバーロー

?
ああ……
北条先輩!!
追わねぇのか?
乙女がバッサリ髪を切る……
理由《ワケ》ありだ……
な〜〜にオレは一人で飲《や》ってるさ
!!
?

すまねぇオヤジ!!
ダダダダダ…
また来いよ――
あの〜〜〜教官どこに行ったんですか?
フッ……昔ふられた女のトコよ……情けねぇ
ビクビク
あの〜〜〜
何よ 鼻ふくらまして
わかった! 君 卓球部の井沢君でしょ!
ええ!? なぜ私の名を!?

その髪型見たら
わかるわよ~~~
エヘヘ
超うれP
うおー!
で
その子が
彼女?
え!?
ども
どーーも
じゃねぇよ
キサマ何しに
来やがった
!?
?
べ…別に
他意はない
ですけど……
あっち
行ってろ
!
ドン!
きゃっ
いや あの娘は
木之下ハーレムの
一員です
バカッスよ バカ!
ところで
何か用なの?
あっ
えっとその
ですね……
突き飛ばす事
ないじゃない
バカ!

どうして髪を切っちゃったのかなぁ・・・・と思って
うん ちょっとね・・・・
変かな?
ぜんぜん変じゃないっスよ 超イイッス!!
デビュー当時の森昌子みたいっス!!
モリまさこ・・・
あんた人の事よりこれはどーゆー事なの?
あっ!?
何か「オレは今からささりに行くぜーー!!」って感じよね
うぉーー
パチ
パチ
パチ

あははははは はははははは 悪いよ 明子!!
さっさっ ささりに行く なんて―― あはははは
ぐ
私 彼の頭から「やる気」を感じるわ!
じゃね 井沢君 気にしないで
あはっはっ はっはっ
サイテー―― あーゆー 無神経な人 大っ嫌い!!
黙れっ!!
キサマも心の中では変だと思ってんだろ!!

教官……
た…確かにカッコよくないかもしれないけど それは教官のポリシーだから……
やだ 教官 本当に傷ついてる
こんな事でやめる必要ないですよ 絶対……
ビクッ!
北条さんとおしゃべりしちゃったあぁ
えへ〜 えへ〜 へ〜へ〜へ〜
キャ―― しゃべるの初めてだったのにあんなにいっぱい
ひろみうれしはずかし十四さ――い
しかも 名前覚えててくれた――
くる くる
今夜はきっと眠れな――い
おお! 木之下ちょっと聞きたい事がある!!
バカ

やっぱりか!!
あのラグビー男と別れたんだな彼女!!
ひろみ
チャーーーンス

・・・・
なぁ 前野 好きな女の子のために自分のスタイルを崩す奴ってどう思う？
やっぱダセーーよな！
うーーん オレ個人は好かないが
これからの時代それくらい柔軟に生きてかないと疲れんじゃない？
ナイスアドバイス脳ミソヤラカイネ
ほとんど溶けてマス
よーーし みんな聞いてくれーー
今日 君達に悲しいお知らせがある!!

実はオレ……今日でこのヘアスタイルを引退する事になった……
はぁ?
悩んださ……死ぬほど悩んだ……
……でもこれしか思いつかなかった あの女《ひと》のタメに……
アホくさっ
そろそろ練習はじめるぞ――
竹田―― オレが命の次に大事な黒髪を落とすっつってんだぞぉ
断髪式を開け――
いてっ
床屋に行けばいいだろ自己チュウ!!
うるせ―― 開けったら開け――
どう する?
やって やれば
……

え〜〜〜それでは……断髪式を始めます
井沢ひろみ引退
セレモニー
「さよなら…矢吹」
会場
よろしいですか井沢さん
おおやってくれ!!
ではトップを神谷さん
えっ!?

・・・・いいんですか・・・・?
かまわん行け!!
教官・・・・
そこまであの人を・・・・
ジョキ

つぎぃ!!
それでは岩下さんお願いします
ん!
あんま上までやらないでね
うん
ジョリ
ジョリ
ジョリ
げ!!

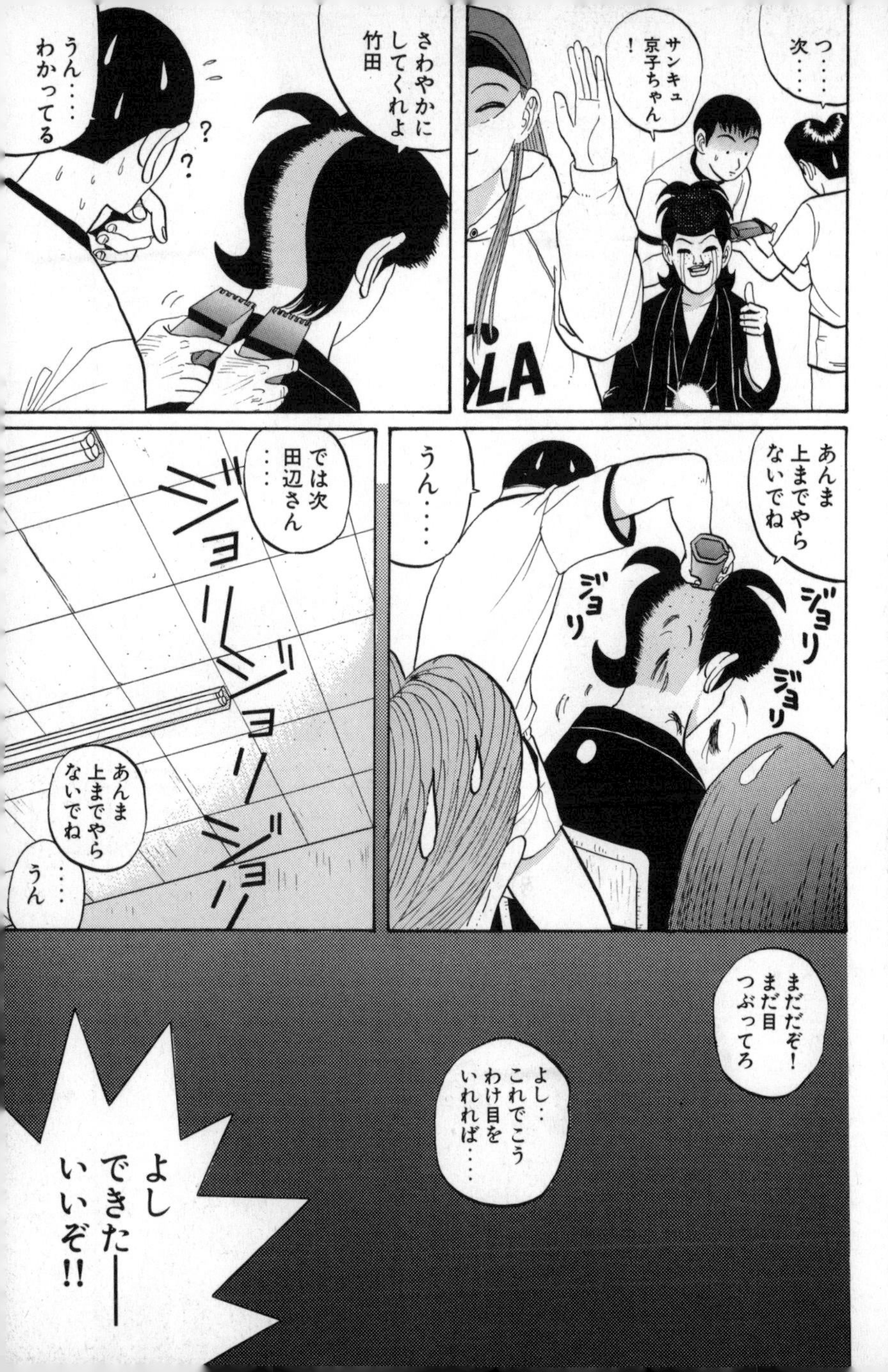
つ……次……
サンキュ京子ちゃん！
さわやかにしてくれよ竹田
？？
うん……わかってる
あんま上までやらないでね
うん……
ジョリ
ジョリ
ジョリ
では次田辺さん……
ジョリ
ジョリ
ジョリ
あんま上までやらないでね
……うん
まだだぞ！まだ目つぶってろ
よし…これでこうわけ目をいれれば……
よしできた——いいぞ!!

どうだ？
おお———
いけるねぇ!!
さわやかだねぇ!!
だろっ？
だろっ？
セットしたんだから あんま触んなよ
何だ お前ら けっこううまいじゃねぇか!! マジでありがとう!!
その感謝の気持ちを忘れてくれるな！
彼はそのまま帰宅し 母親の「何ソレ」という冷たい指摘でやっと気づいたという

その40　借金王

やぁ
みんな
今月の部費が
おりたよ――
いくら
なの？
？
ビリ
ビリ…
待て
チャリ
はは
250
円
!?

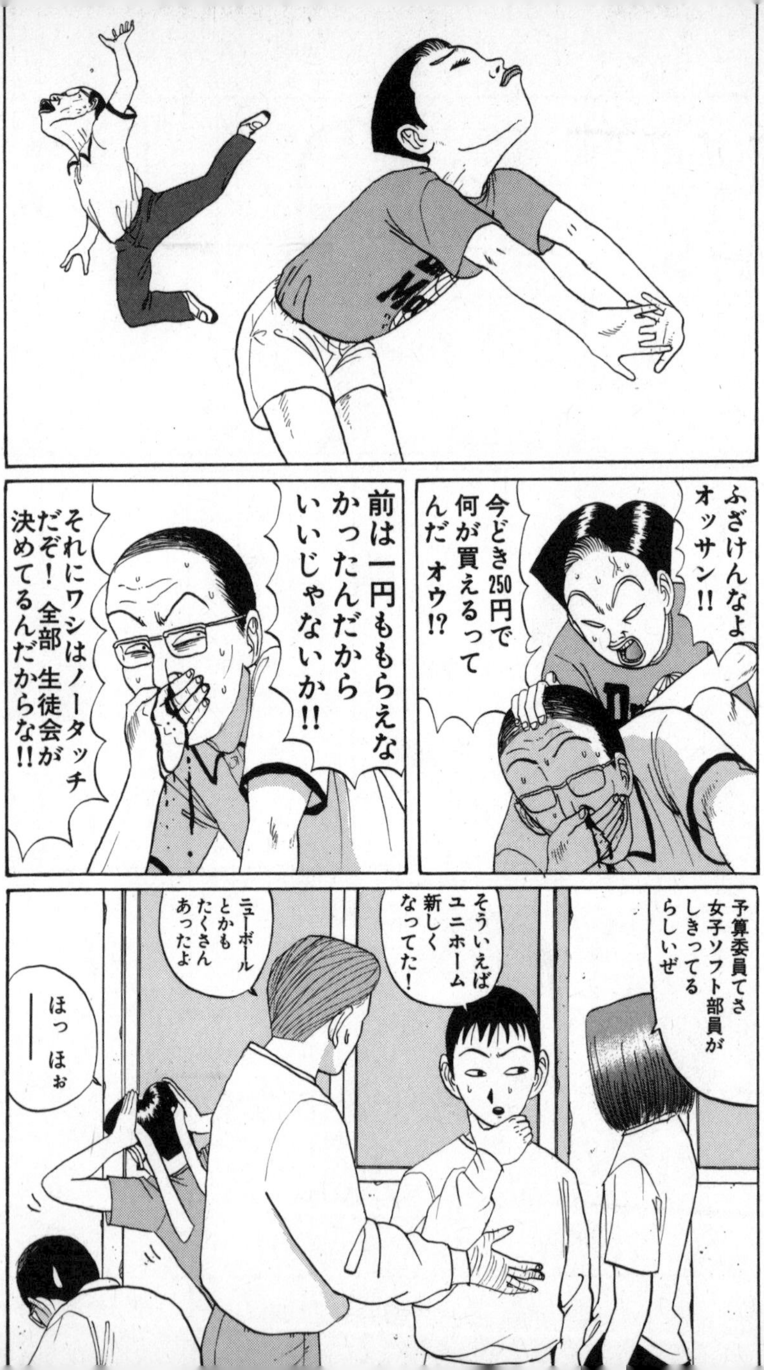
ふざけんなよ オッサン!!
今どき250円で何が買えるってんだ オウ!?
前は一円ももらえなかったんだからいいじゃないか!!
それにワシはノータッチだぞ! 全部生徒会が決めてるんだからな!!
予算委員てさ女子ソフト部員がしきってるらしいぜ
そういえばユニホーム新しくなってた!
ニューボールとかもたくさんあったよ
ほっほぉ――

よーーし みんなーー
今こそ立ち上がる時だーー
オレについて来ーーーい!!
部費よこ
Dr. Martens CLOTHING
仕方ない またみんなで金出し合うか・・・・
そうするか・・・・
どうした 卓球部員!?
オレと一緒に空手チョップおみまいしてやろーーぜ!!
わかったわかった そう あわてるな
来期 オレが予算委員に立候補するから それまでガマンしよう・・・・
部費よこ
ガーーン

部費よこせ
なっ何て奴らだお前らそれでいいのか？
まるで死んだ魚の目をしてる
部費よこせ
ん!?
…何だこの計り知れない「熱い気」はっ!?
ガタ
ガタ
ガタ
ガタ
部費よこせ
まるで獲物を追う獣…いや！それ以上だ!!
グググググ

あ──

キッ…キサマは
ハゲた井沢 あらため
妖怪「ひょうすべ」!!
部費よこせ
ひょうすべ
出会った人間は必ず病気になり一緒に笑うと死んでしまう
すごくサルがキライ
よ───し
こっちだ化け物!!
オレとともに闘ってくれ!!
けけけけけけ
うお── うお──
大丈夫かな!?
ん~~~~

ファースト――
キンッ
ナイスキャー――
ファイトーファイトー
セカーーン
カッ
ナイスキャー
ちゃぷちゃぷ
しゃこしゃこしゃこ
ちゃぷちゃぷ
しゃこしゃこしゃこ
ビクッ
よお
よおってば
シカトしてんじゃねーーよ

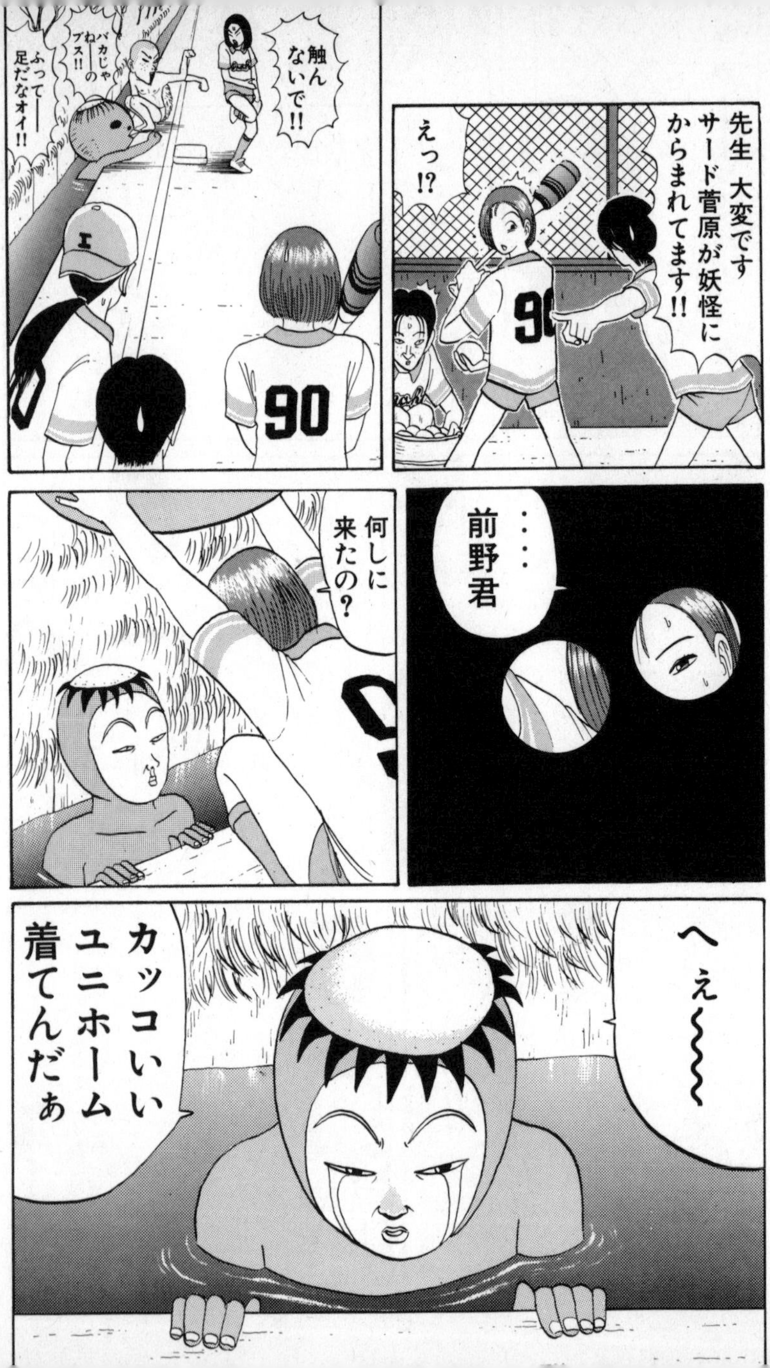
先生 大変です
サード菅原が妖怪にからまれてます!!
えっ!?
触んないで!!
バカじゃねーのブス!!
ふって―― 足だなオイ!!
・・・・前野君
何しに来たの?
へぇ〜〜〜
カッコいいユニホーム着てんだぁ

今月こそ我々も新しいユニホームつくろうってログセみたいに……
んーーー
んーーー
それがこんなブリブリしたチンチクリンのワケわからない物になって
ほっといて！
何言ってるの？これはみんなでお金出し合って揃えたのよ
部費だけで買えるワケないでしょ
どうだかねぇ
予算委員が三人もいるし……
どうなの須田？
卓球部の部費をとったっていうんですか？そんなのコワくてできませんよ
今月も各部それなりに割り当てたつもりです

オ〜〜〜ウッ!! じゃ何かい!? ウチは250円がそれなりってか——!?
ハゲだからか!? こいつがハゲだからか!?
250円!?
一万九千円入れたよね……
……うん
一万
九千円?
ひ〜〜〜やめれ〜〜〜
騒ぐんじゃね——!!

柴崎さ〜〜〜ん あんたもやってくれるね〜〜〜
ううううぅ
早く吐いちゃえよ 楽になるぜ！
ビシッ
あ
だからワシじゃないと言っとるだろが——
あえて言わせてもらうがな あの250円だってワシが入れたんだ 本当はカラの封筒渡されたんだぞ
キサマ〜〜〜 盗んだあげく恩まで着せようってのかぁ〜〜〜
盗っ人たけだけしいぞ 柴崎——
ちが——う!!

お前ほどの悪人は見た事がねーーよ!!
うぐぅ
ホラホラしっかり噛んでろーー
ぐい
ふんっ
ビシッ
うぅ‥‥本当にワシじゃないってば‥‥
ねぇ‥‥先生は誰に渡されたの?
え〜と
岩下

どうしたんです
岩下さん
へへへ――
ちょっとね♡
ずっと前から
ほしかった靴が
あってさ それが
いつも売り切れ
てたのよ
そしたら昨日
ボロい靴屋で
それ見つけてさぁ
あ～～～あ どうせ
お金ないし
あきらめよう‥‥
って
思った
瞬間!!

なぜかカバンの底に一万九千円入ってたのぉ〜
へぇ〜〜〜すご〜〜〜い
きっとずっと前に入れといて忘れてたんだよ
エライねぇ昔の私は!
ん? どうしたんですブタ鼻つけて
ブヒ
ブヒブヒブヒブヒ
ブヒブヒブヒブヒ
ブヒブヒブヒブヒ
ブヒブヒブヒブヒ
ブヒブヒブヒ
ブヒブヒブヒ
岩下京子はお金を発見した時点で四割方「部費」だという事に気づいていたがそれを物欲でねじふせたのだった!!
キャ——かわい〜〜〜♡
しまったぁ来るんじゃなかった……

岩下京子
十四歳
お前の犯した罪は重罪だぞ
悪かったよ——
知らなかったの
明日返すからいいだろ!!
なーんだその言い草は!!
お前 何人《なにじん》だ——!?
んだよぉ!!
やっちゃいやしょ
こんなやっちゃいやしょいやしょ
キサマにはタ〜〜ンと働いてもらうからな!
はぁ!?
いいから来い!
はなせ〜〜〜
何して働くの?
知らな〜い

いやらしい私をもっとみて!
パブ 思い出
はぁーーーい お兄さん やってる!?
パブ 思い出
あのさ いい店があるんだけど遊んでかない?
……え? ……いや ボク……
は〜〜い お一人様ご案な〜い
いやボクは……その
はい よろこんでー よろこんでー
ドンドンドン
クゥ〜〜〜 お客さん ラッキッ♡
このこの
今日ね ちょ〜〜〜どいい娘が入ったんですよ!!
……はぁ
さぁ どれにします?
ヘア丸出しの女
アタシ
湯あがりの女
1
えっ じゃあ 二番
濃ゆい官能 エクスタシー

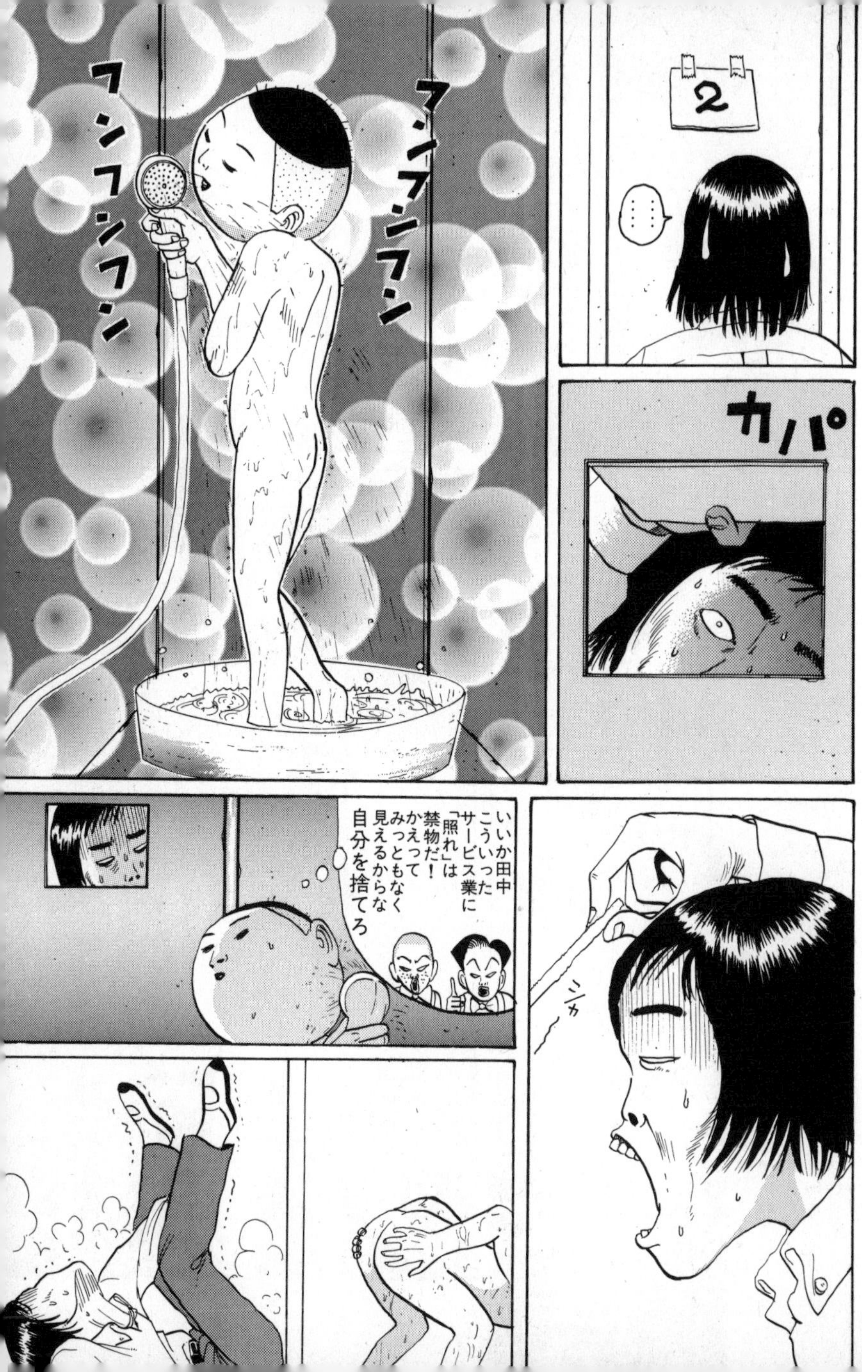
フンフンフンフン
フンフンフンフン
2
……
カパ
いいか田中
こういった
サービス業に
「照れ」は
禁物だ！
かえって
みっともなく
見えるからな
自分を捨てろ

二千円
うわっ
おい
二千円
ありがと〜〜
ございました
ケッ 悪運の強い女だぜ! 客来たらちゃんと脱げよ!!
はい はい!
もう…五回目だよ
こうして岩下京子は一度も覗かれず田中と田辺だけで一万六千円もの売り上げをあげたのだった

化学室
よしできた——

その41　炎のレイパー

さぁて
早く彼らに知らせなくちゃ・・・・

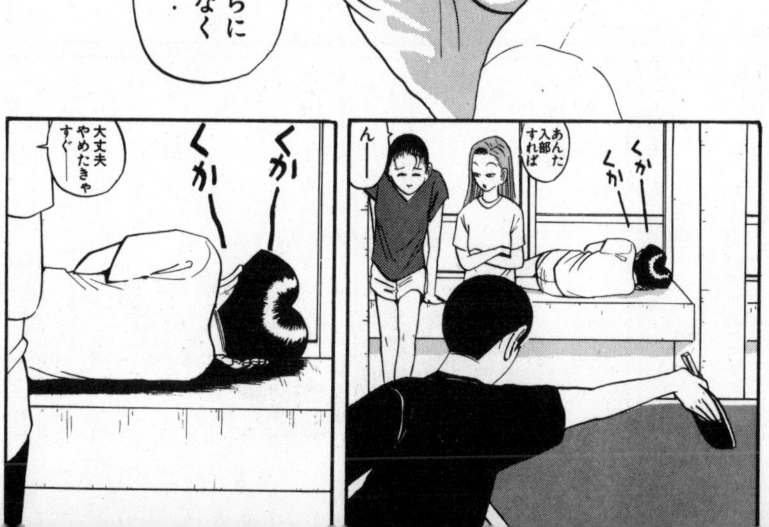
くかーくかー
あんた入部すれば
んー
くかーくかー
大丈夫やめたきゃすぐ——

バサバサ
何だお前？
できたよ
北里
ああ〜〜〜
そうか!!
すっかり忘れてた——!!
井沢—— 北里君ができたって——
何ぃ本当か!?
よっしゃ——
うっひょ——
北里君て誰？
あいつら最近遊びすぎだな

化学準備室
コン
コン
化学準備
山
川
豊
こっちこっち
おーーす久し振りー
いやぁーゴメンね遅くなっちゃって
いいって事よ
それよりどうなの?
はっきり言って完璧だね
完璧すぎるよ

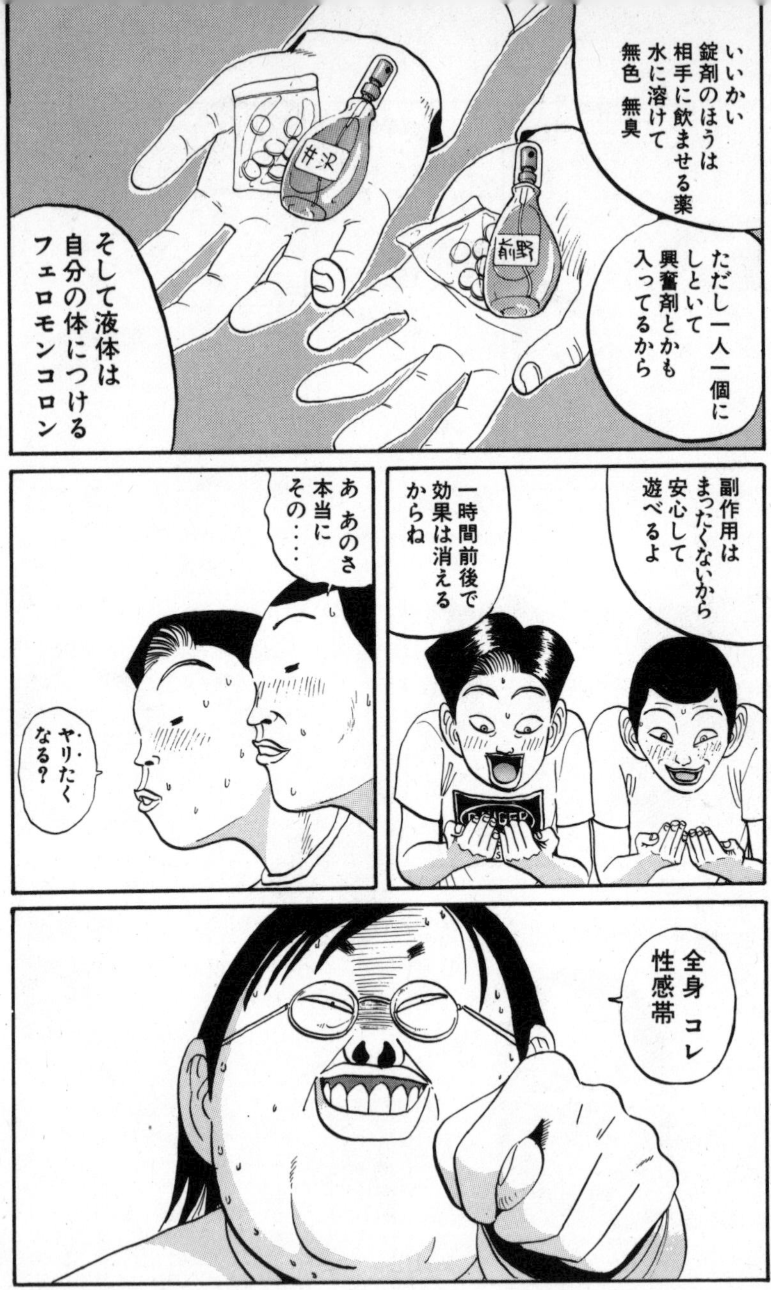
いいかい 錠剤のほうは 相手に飲ませる薬 水に溶けて 無色 無臭
井沢
前野
ただし一人一個に しといて 興奮剤とかも 入ってるから
そして液体は 自分の体につける フェロモンコロン
副作用は まったくないから 安心して 遊べるよ
一時間前後で 効果は消える からね
あ あのさ 本当に その・・・・
・・ヤリたく なる？
全身 性感帯 コレ

人間なんて理性をなくせば
ただの獣さ しかも理性を
消す環境や薬は この世に
たくさんある
でも ただ理性を奪う
だけではちょっと危険
そこで性欲だけを開放し
欲求不満度を二〇〇%まで
つり上げる媚薬
「やりたがり二〇〇」を使えば
たちまち彼女はアン・ルイスの
ように襲ってくる
アンはそんな
女じゃねーぞー
まぁ
まぁ
とり
けせー
三ヵ月も待った
かいがあったよ
じゃコレ
約束の
キー
乗り終わったら
ここに入れ
といてねー
あんがと
さーーん
キュルル
ルルル…
よ〜〜〜し
実験だぁ!!
オレは
神谷で
試してみる
えー じゃあオレ
京子ちゃん!!

オレ 三個入れちゃお♡
このどエロ!
四個入れてる
シュ~
いっぱいかけちゃお♡
シュー
シュー
シュー
シュー
オレも♡
よしっ 行こう!!
オイオイ その顔はマズイよ
懲役モンだぜ
卓球部
ガラ
ただいま~~~
・・・・? 何 コレ?
やだなー 自分で頼んどいて忘れないでよ
頼んだっけ?
あの~~~ 私は頼んでないですけど
うん
いーんだよ いつもお世話になってるからさ!

まぁ いいや
いただきまーす
教官 ゴチソウサマ――
は〜〜い どーも〜〜
ハウトゥー エロス
しゅっ
しゅっ しゅっ
――三〇分経過――
ちょっと 何 さっきから 寄りそってんの!?
ニャ〜〜〜ゴ

神谷‥‥何かこうムラムラしたもの感じない？
‥‥さぁ？
京子ちゃんオレの事好き？
キライ！
アレ〜〜〜〜〜？
す
どこいくの——？
トイレ！
あたしも行こ——
バタン
ねぇ‥‥どうなの？
ん〜〜〜

はあ〜〜〜〜
岩下さん 私 変なんです
教官が隣にいると何かこう熱くて
ああ〜〜〜〜 私も
何だろ? カゼかなぁ〜〜〜
とりあえず やな予感がする‥‥
今日は さっさと帰ろう
そうですね‥‥
やあ
もうちょっと おしゃべりしようよ
DANGER PESTICIDE STORAGE
はぁ!?

二人っきりになれば変化が・・・・
神谷オレと散歩行かないか？
えっ!!
・・・・はい
京子ちゃんボク達もその〜〜〜
PESTICIDE STORAGE
触んないで
きいてるきいてる

いや〜〜〜
いい天気だね〜〜〜
つん
つん
つん
キサマ〜〜〜!!
なぜオッパイをひっつけるぅ!?
そっ
そんな事してないもん!!
な〜〜〜
に〜〜〜

どうした？
なぜ拒まぬ？
本当に触っちゃうぞ〜〜〜〜
おい！
あっ

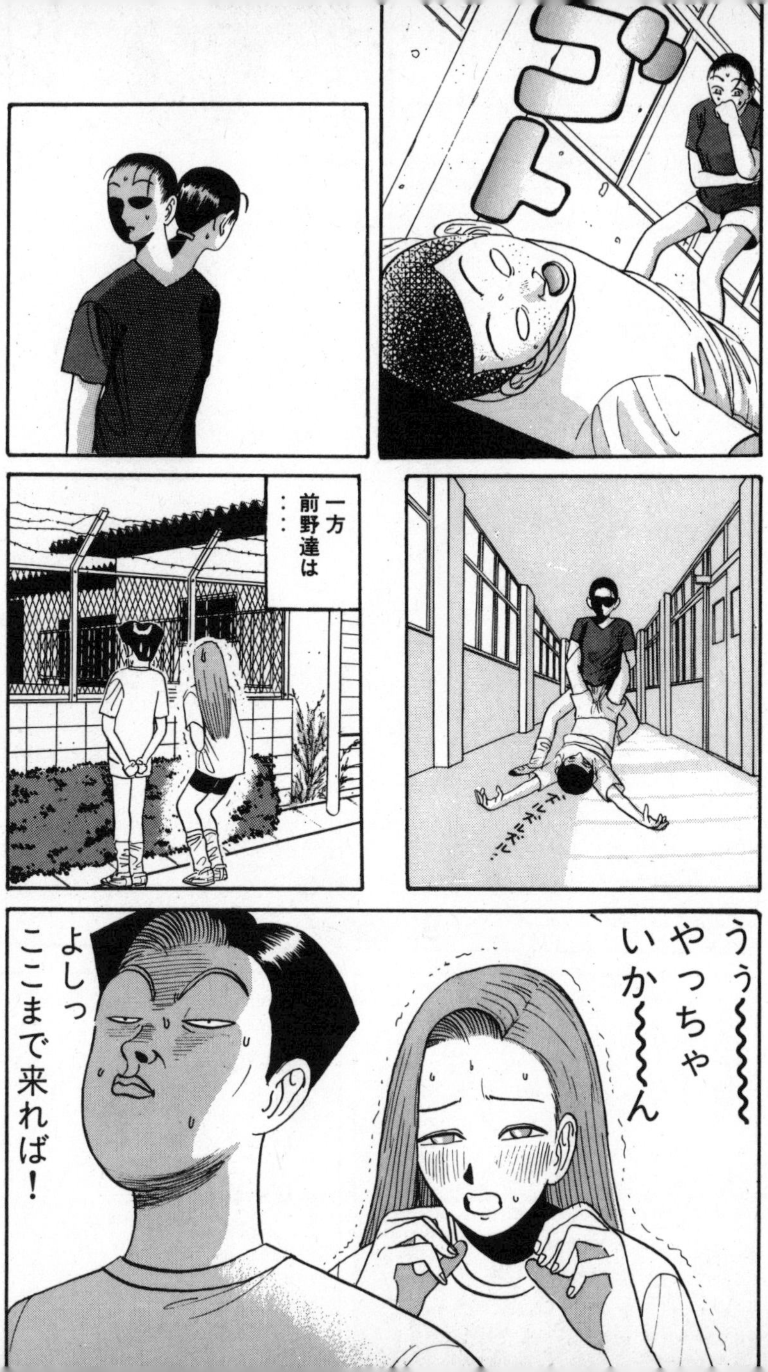
ゴト
ズルズルズル…
一方
前野達は……
うう〜〜〜
やっちゃ
いか〜〜ん
よしっ
ここまで来れば！

後ろから
ギュウ〜〜〜〜って
やっちゃったっ・・・・
もういい!何でもいい!!
もしもし京子ちゃん?
ぐお〜〜〜あぶねぇ
ガサッ

ど どうしたの
京子ちゃん!?
人が見たら
変だと思うよ
そろそろ
帰ろうよ ね!!
ビリリ
いやああ
ああああぁぁ

はっ!!
何だコリャ!?
ここは一体・・・・?
あっ!!
お前そんな所で何してんだっ!?
何をしていいかわからない・・・・
教官・・・・教えて・・・・
・・・わっ わかった わかったからとりあえず縄をほどいてくれ なっ

あ——
ちょっと待った——!!
やめろ神谷!!
うわ——お願いやめて——
あいつら四人でどこ行ったんだ
あ!
ガラ

うっうっ…
……汚れちゃった
どうしたんだお前ら!?
きゃあああああ
すたすたすた…
この人達よ この人達にレイプされたの!!
どこ見てんのさ!! 絶対 訴えてやる!!
こうして彼らは女性の逆襲の恐ろしさを知った
…ちなみに彼らのレイプとはチンチンを弄ばれる事である

その42 急募

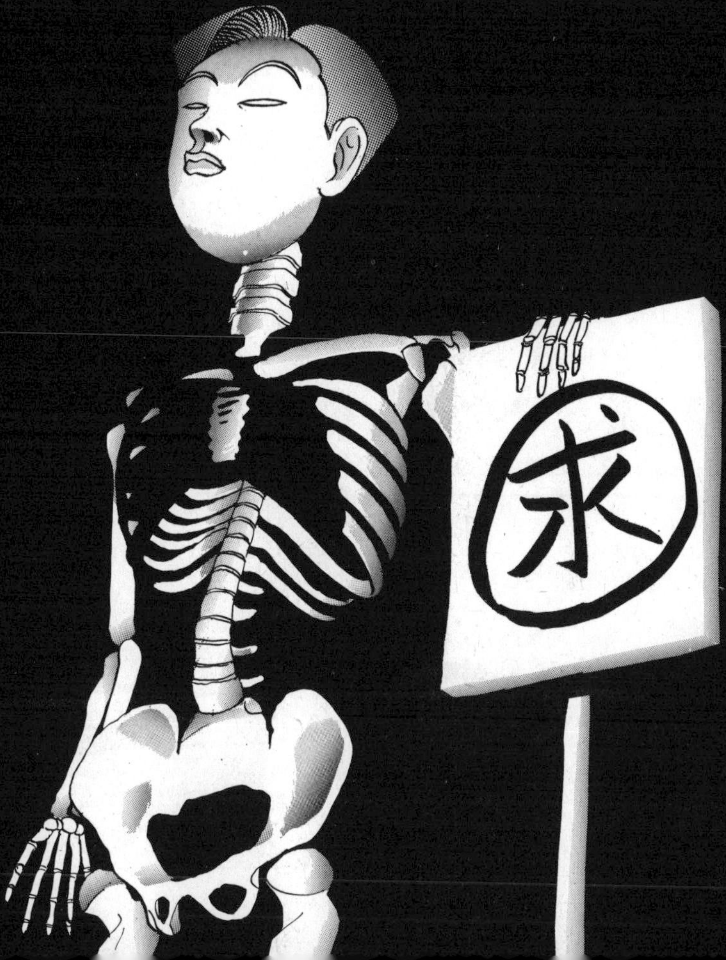

さてみんな・・・・
そろそろ仮入部も終わり新一年生が本当の入部届を出す時期です
うちは仮入部すら来なかったね
いっぱい来たろ!!
お前らが意地悪して逃したんじゃないか!何言ってやがる!!
大リーガーのマネ〜
ペッ ペッ
次!お前は何やってくれんだ?
え・・・・じゃ・・・・菊池桃子のマネを・・・・
僕 何で君達があんな事したのか知ってるよ
これ以上 人数が増えるとレギュラー外される!!
図星でしょっ!?

ほ〜〜〜言ってくれるね 田辺さん‥‥井沢 五点くれてやれ
ほら とっとけ！
テメーが そんな嫌な事 言うならオレも あえて言わせて もらおう
何で新一年生が入って くるのにオレ達は二年の ままなんだよ——
おかし—— じゃね——か!?

あんま気にすんな 忘れろよ なっ
でっ…… でもよ
…………とにかく！
今からでも遅くない 新入部員の勧誘をするぞ！
目標！
男三人 女一人！
女一人？
ちゃんと働くマネージャー ほしいだろ？
心から
ねぇねぇ あの女は何しに来てるの
それでは みんなで 出パーッ！
おー

野鳥観察部
部員募集!!
部員募集!!
来たれ!野球部
やめようよ お父さ〜〜〜〜ん 恥ずかし〜よ〜
みんな 笑ってるよ 〜〜〜
うるさい 黙れ!!
ようこそ 卓球部へ!!
じゃあ木之下は 女の子を 岩下は男の子 スカウト してね
わかった
ダリ〜〜〜 なぁ〜〜〜
お前らは 本部で 待機だ!
えーー やだよ〜〜〜
卓球部だと 思われるだろ
それじゃ スターーート!!
ちょっと 待てよ 竹田〜〜〜

卓球やりませんか〜〜〜〜
卓球やりませんか〜〜〜
パチッ
とうっ
パチーンッ
うりゃっ
おおっ危ねぇ!
卓球やりませんか〜〜〜〜
卓球やりませんか〜〜〜〜
卓球部へ!!
お!
ジャンプ
あっ そこの君 卓球やらない?
いえ…… やりません
どうりゃっ!!
ふ〜〜〜〜
ねぇ 全然ダメだよ…… やっぱり卓球って人気ないのかな〜〜〜〜?

バカだな オメーは!
大体 このカンバン からして 甘いよ!
ペシ ペシ
もっと中一の 好奇心を ソソら ないと
中一の好奇心?
田辺 お前 中一の頃 何に ハマった?
え?
中一の時ねぇ
鉄道とか 凝ってたかなぁ
チビ お前は?
ひまわり 育ててた
オレはこんな頭に されても 常時 心の中で矢吹が シャドーしてる ぜ!
しゅっ しゅっ
そーいやオレ ザリガニ釣りに 命を燃やしてた なぁ・・・
お――い 一人連れて きたぞー
さぁ こっち こっち

ん？
ありゃま コケちゃってるよ オイ
ちょいとソソリすぎたか？
だいぶな
僕・・・・失礼します
あっ ちょっと君！
お〜〜〜い こぞぉ〜〜〜
何やってんだ お前は——

何だよ オレだって頑張ってやってんのにぃ〜〜〜
赤羽
普通のカッコで普通にやってろ!!
あいたたたた――
チェッ せっかくやる気出したのに怒られちまったよ
あいつ ワガママだよな
さぁ こっちこっち
おーーーい 後 よろしくね
キャッ
キャッ
キャッ

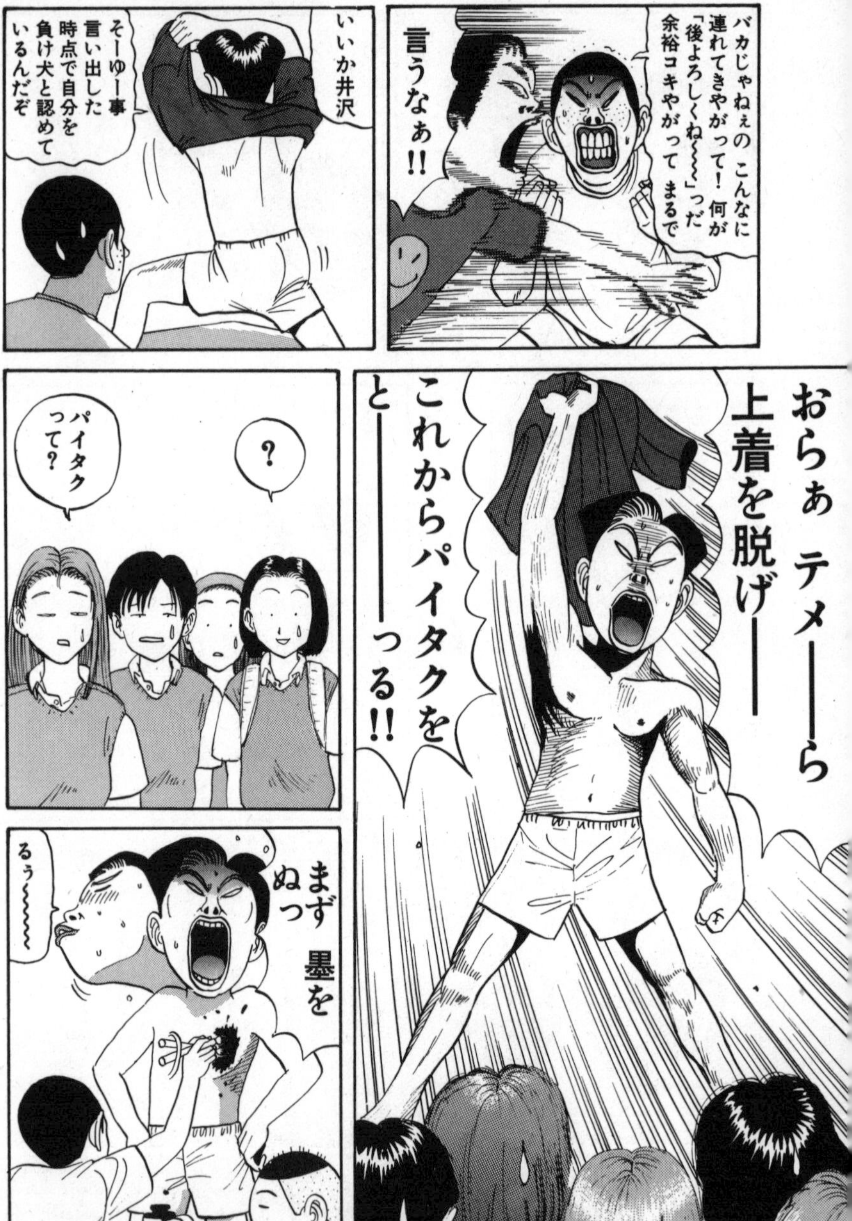
バカじゃねぇの こんなに連れてきやがって! 何が「後よろしくね〜〜〜」っだ 余裕コキやがって まるで
言うなぁ!!
いいか井沢
そーゆー事言い出した時点で自分を負け犬と認めているんだぞ
おらぁ テメーーら上着を脱げーー
これからパイタクをとーーーっる!!
?
パイタクって?
まず 墨を ぬっ
るぅ〜〜〜〜

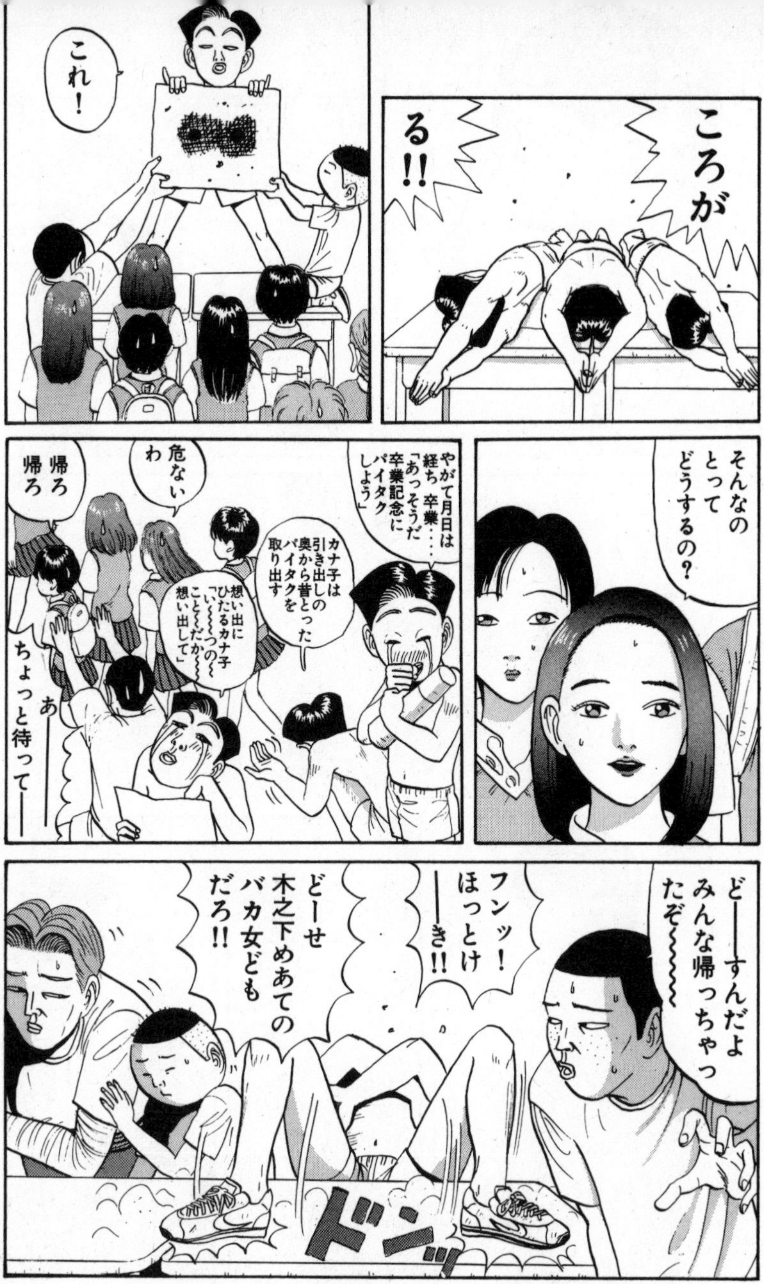
ころがる!!
これ!
そんなのとってどうするの?
やがて月日は経ち 卒業‥‥「あっそうだ卒業記念にパイタクしよう」
カナ子は引き出しの奥から昔とったパイタクを取り出す
想い出にひたるカナ子「い〜〜つの〜〜こと〜〜だか〜〜想い出して」
危ないわ
帰ろ帰ろ
あ――
ちょっと待って――
ど――すんだよみんな帰っちゃったぞ〜〜〜〜
フンッ!ほっとけ――き!!
どーせ木之下めあてのバカ女どもだろ!!
ドン

あの——
どうしても パイタクしなきゃ ダメですか？
ん……？ どうする 前野？
い いや ま…… いっか！
え〜〜〜っと それじゃ クラスと名前を ……
一年五組 田辺 雪
オイオイ 何だよ アリャ？ あんなの入るのか？
目 あった時 すっげ—— 怖かったぞ……
ははは 田辺さんか—— 僕も田辺って いうんだ
くさい

こらぁ――――
テメーら人が働いてんのに何さぼってやがる！
さぼってなんかないよ
あんたこそちゃんとやってたのか
ど――――だすごいだろ～～～
かっかっかっ
私がちょっと声かけりゃこれぐらいの人数いつでも集まるんだよ感謝しろ～～～～
勘違いするな

誰が「童貞捨てたい一年」集めろっつった!?「卓球やりたい一年」集めろっつったんだ バーーカ!!
んだとぉ!!
おらぁ! このネェちゃんはヤリマンじゃないぞーー 絶対やらしてくんないい女だ!! さっさと帰れーー!!
何だぁ〜〜〜 つまんね
すっげぇ期待しちゃったよ・・・・
ふざけんなよぉ〜
どーりでカワイイと思ったんだ
ペッ
オイ あのブーブー言ってる集団は何だ?
竹田・・・・
どうだわかったか!?
ねぇ私ヤリマンに見える?
え!?
ん!?

ギャハハハハハハハ
ブ男おおおお
ブ男おおおお
アハハハハ
アハハハハ
アハハハハ
ダメだ——
キョーレツすぎる

あ〜〜〜 いやいやこれは 失敬
君はアレかい？ 入部希望者？
はい
君 名前は？
田原年彦
ギャハハハハハハハハハハ トシちゃんか〜〜〜 いい名だ いい顔だ！ 最高だよ チミ——
アハハハハ やった—— すごい一年だ——
何 やってんだ アイツら？
いや〜〜〜 いい!! 実にいいよ！ うちに入るには三つの 条件があるんだけどね 君は百点で合格さ♡
まず 顔がイカス事 モノマネができる事 彼女がいない事！

何 それ？
くだらねぇ〜〜〜
え？
とし く〜〜〜ん
とし君 どこ行ってたの 探したんだよ
ごめんよ 雪ちゃん アップルパイ おごるから 許して

ところで
雪ちゃん
もう入部
しちゃった
?
うん
とし君は?
それがね
彼女がいると
入れてくんないん
だって――
ちょっと――
何でダメなの!?
もういいよ
雪ちゃん
他行こう
やっぱ卓球部の人って
暗いね 自分達の世界
作っちゃって 部外者を
受け入れないみたい
変なの
先パ――イ
冗談は顔だけにして
くださいよ――
殺《や》るか
ああ

その43 侵略

いやらしい私
もっとみてー

卓球部
ガラ
何だお前ら やけに荷物が 多いな
どっか 行くの？
竹田…… オレ達 話しあった んだ
熱く

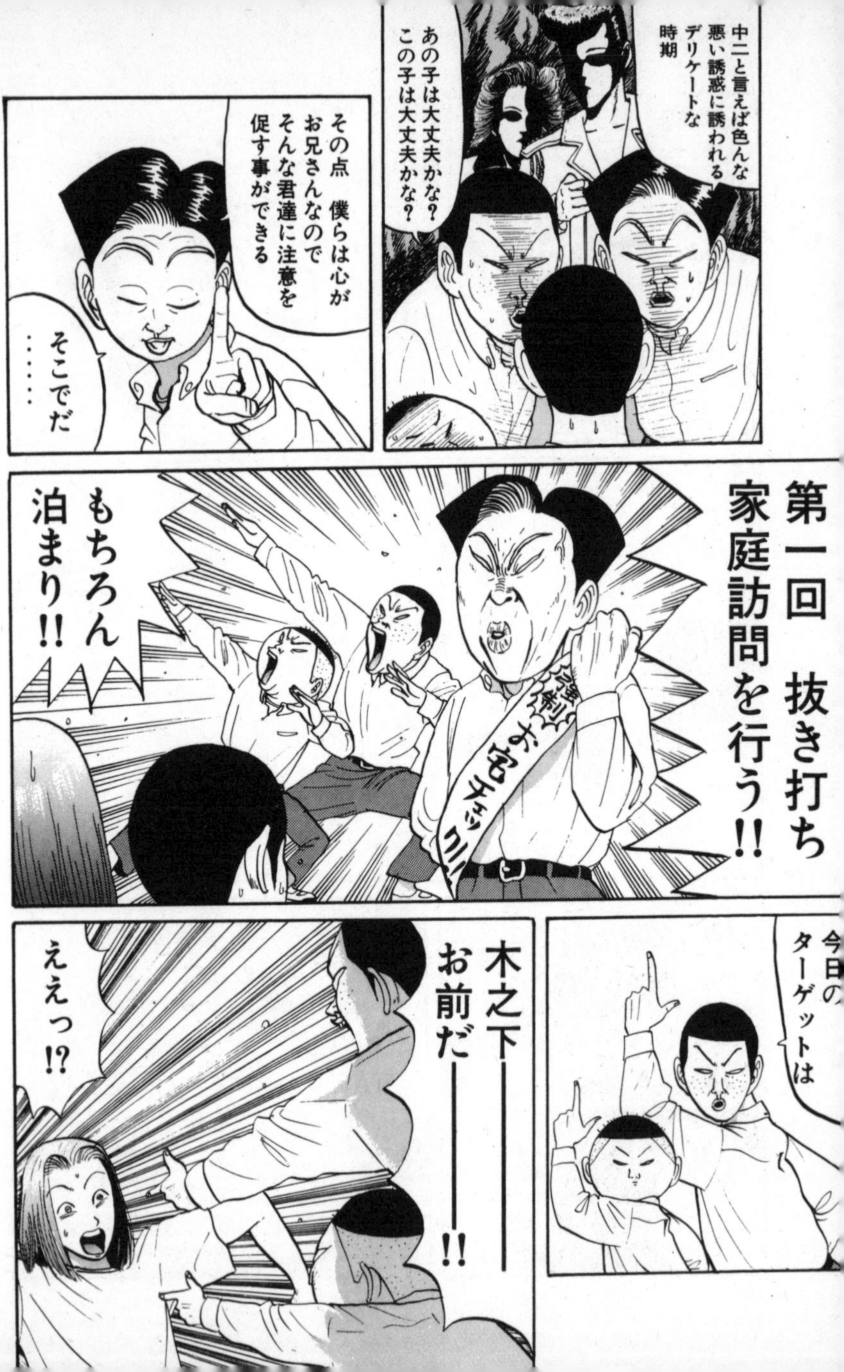
中二と言えば色んな悪い誘惑に誘われるデリケートな時期
あの子は大丈夫かな？この子は大丈夫かな？
その点 僕らは心がお兄さんなのでそんな君達に注意を促す事ができる
そこでだ……
第一回 抜き打ち家庭訪問を行う!!
強制
お宅チェック!!
もちろん泊まり!!
今日のターゲットは
木之下――お前だ――!!
ええっ!?

いいよ来なくて
オレはグレないから安心して!
いやだ―― 絶対行く――
はなせよ!!
ただ泊まりに行きたいだけじゃねぇか
木之下―― チームワークは大切だろ――!!
はっきり言うよ オレ達 木之下とおしゃべりする事ほとんどないだろ
僕らシャイだからうまく言えないけどお前と仲良くしたいなぁって思って……
お互い恥ずかしい所全部 見せあって真の友達になろうよ
いいよ別に~~
結局 誰の家でもいいんでしょ?
木之下も気の毒に……

今日──おっは楽しいお泊まりか〜〜〜い
ついて来んなよっ!!
くそ〜〜〜 このままじゃ オレん家《ち》を オモチャに される・・・・
よ〜〜し
タッ

あっ!!
逃げたぞ——!!
まて——
はぁ
はぁ
はぁ
わ——
あら!? いなくなった!
どっかに隠れてるんだ!
ったく めんどくさいな〜〜
せぇ〜〜〜のっ

よっ
ああ〜〜〜
し————!!
田中静かに!!
んん——
いたよ———
ここに
いたよ——!!
前野君・・・・
!?
どうした前野!?

うんちしたい
泣くなよ
くぅ〜〜〜〜
もうダメ〜〜〜〜
生まれるぅ〜〜〜〜
ったくしょーがねー——な——
う〜〜〜
カチャカチャ
早くしろよ——
ふ——
いた——!!
ふけ——!!

おじゃましま〜〜〜す
いや〜〜〜 悪いね ムリヤリ来ちゃった みたいで!
誰もいないの?
ああ!!
キャッ♡ 何もないのね
ん〜〜〜 モロ 木之下のニオイだ
絶対 何も触るなよ!!
へえ〜〜〜
キー君はここで大きくなったんだね♡
誰 キー君て?

ねぇねぇ
卒業アルバム
見た〜〜〜い♡
うるさいよ
もうっ!!
何だ オイ
前川清
ないの?
勝手に
触るな――!!
こら――
チビ――!!
何 引き出し
開けてんだよ!!
やめろ!!
NOTE BOOK
あれっ!?
コラ――!!
ポンポン
ポン
ポン
姉ちゃんの部屋
入るな――
姉ちゃんの
ニオイ――

ふんっ!!
ドッ
がはっ
ナイスチビ
いい角度で
入ったな
これで自由に
動ける
よし
まずは
ご両親の
部屋を
探索だ
前野
前野
これ
やってるね!
やってるね!

ただいま〜〜〜〜
ガチャ
げっ!!
ゆうすけー誰か来てんのーー?
おーーーい
姉ちゃんか・・・?
だろ?
何してんのあんた?
いちちち・・・

あっ 姉ちゃん あいつらは!?
すたすたすた
!?
ピタ
?
誰?
卓球部の友達・・・・

えいっえいっ
おー――‼
えいっ
えいっ
おー――‼
オイ！ 何だ今のかけ声は⁉
別に
それよりTシャツとか貸してくれよ
リラックスできねーじゃねぇか
悪い事しないって誓うか？
大丈夫だよ
もうしない
みんな――
ゴハンよ〜〜〜
お
はぁ〜〜〜い
ママ〜〜〜〜

ん〜〜〜すごいね〜〜〜
てきとーに座ってね
うう…… うっ…… うう……
あらあらどうしたの？
すっ…… すいません 幼い頃 母を亡くしたもので 本物の手料理を見るとついつい……
あらそう……
じゃ 今日はいっぱい食べてね
うそです
いただきま○こー

もぐもぐ
ずずず
もぐ
かちゃ
そ…そうそう ゆうすけ いつも帰ってくると君達の話ばかりしてるのよ
どーせ文句でしょ
文句なんか言わないよ 変わってるけど 一緒にいると けっこう楽しいって
‥‥何だよ
じーー
井沢
はい
ほら とっとけ
5点
ほれほれ ゆーすけ あ~~~ん
ピシ

おいっ!!
みんなで入る事ないだろ!!
いいじゃん
スキンシップ
スキンシップ
ったく!
うい〜〜〜〜〜
うっ!!
たっ田中
それは
もしや!!
リンゴお風呂
セットーー!?
カパ
ゴリ
ゴソ
ええーーー
ヘチマにビオレ
〜〜〜〜〜〜〜〜〜〜〜!?

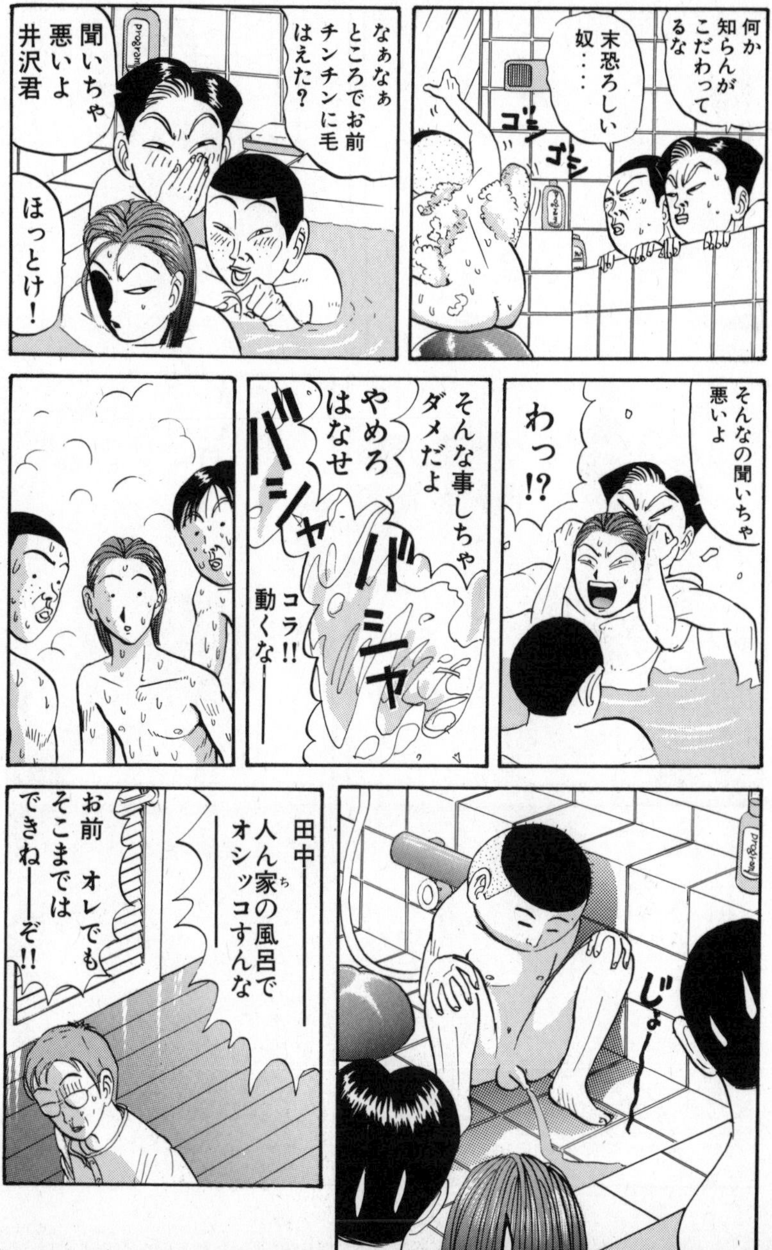

何か知らんがこだわってるな
末恐ろしい奴・・・・
ゴシゴシ
なぁなぁところでお前チンチンに毛はえた？
聞いちゃ悪いよ井沢君
ほっとけ！
そんなの聞いちゃ悪いよ
わっ!?
そんな事しちゃダメだよ
やめろはなせ
バシャバシャ
コラ!! 動くな――
田中―― 人ん家《ち》の風呂でオシッコすんな――
じょー
お前 オレでもそこまではできね――ぞ!!

はぁ～～～
もう 絶対
呼ばない!!
いやぁ～～～
いい湯だった
タン
トン
なぁなぁ
姉ちゃん呼んで
遊ぼうぜ
タン
トン
バタン
タン
トン
タン
ママ――
先 入るよ
――

その44　大空に向かって

キュ
シャー
シャ〜〜〜〜
カコーーン
すくっ
待てっ どこへ行く!?
いやぁ〜〜 まいった まいった
お風呂に 忘れ物 しちゃって

何を!?
チッ……チクビ
ちゃんとついてるじゃないか
あれ〜〜〜おかしいなぁ〜〜〜
いいか 言っとくけどな 姉ちゃんが風呂出るまでここから一歩も出さないぞ
や…やだなぁ木之下君
それじゃまるで僕らがモーレツにのぞきたいみたいじゃないか
本音がチラリと出てる
ナンセンスだよ ははは ははは
はははは…
ドカッ
ナイスボディ!!

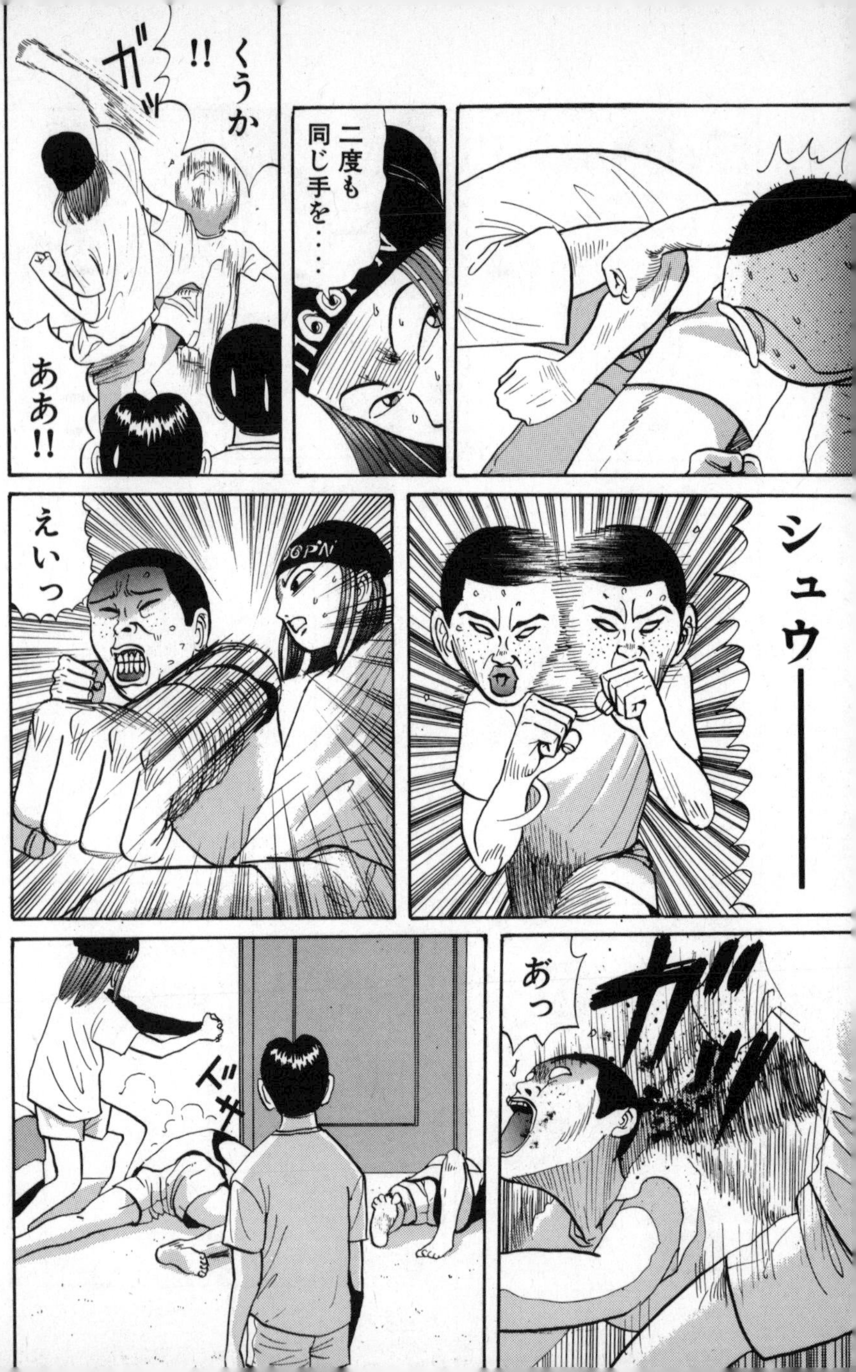
二度も同じ手を……
くうか!!
ガッ
ああ!!
シュウーー
えいっ
あっ
ガッ
ドサ

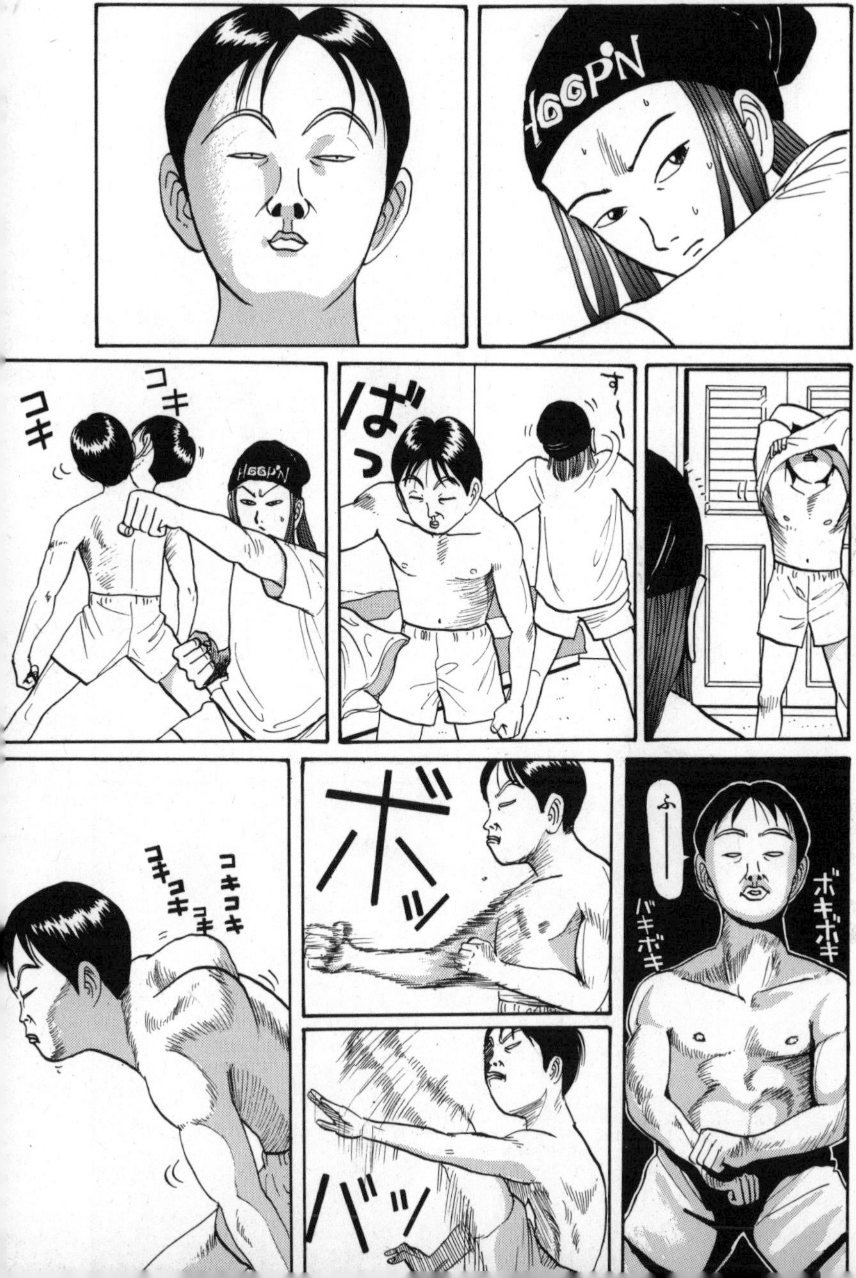
す〜
ばっ
コキ
コキ
ふーー
ボキボキ
バキボキ
ボハッ
バッ
コキコキ
コキ
コキコキ

HOOP'N
す―
ぐっ
HOOP'N
さっ
す
ダダ〜〜ン

ニヤ
ふんっ!!
アチャッ
うっ
ドスッ
アチョッ
アチョッ
ビシッ
ビシッ
アチャーー

ダダ〜ン
トーン
トーン
はっ!!
ピシッ
ブオッ
ドドドドドド
アチャチャチャチャ

アチョー
ガッ
アチョー
バシッ
ホォオッオッ
ハチャッ
ギィ〜〜
ドン

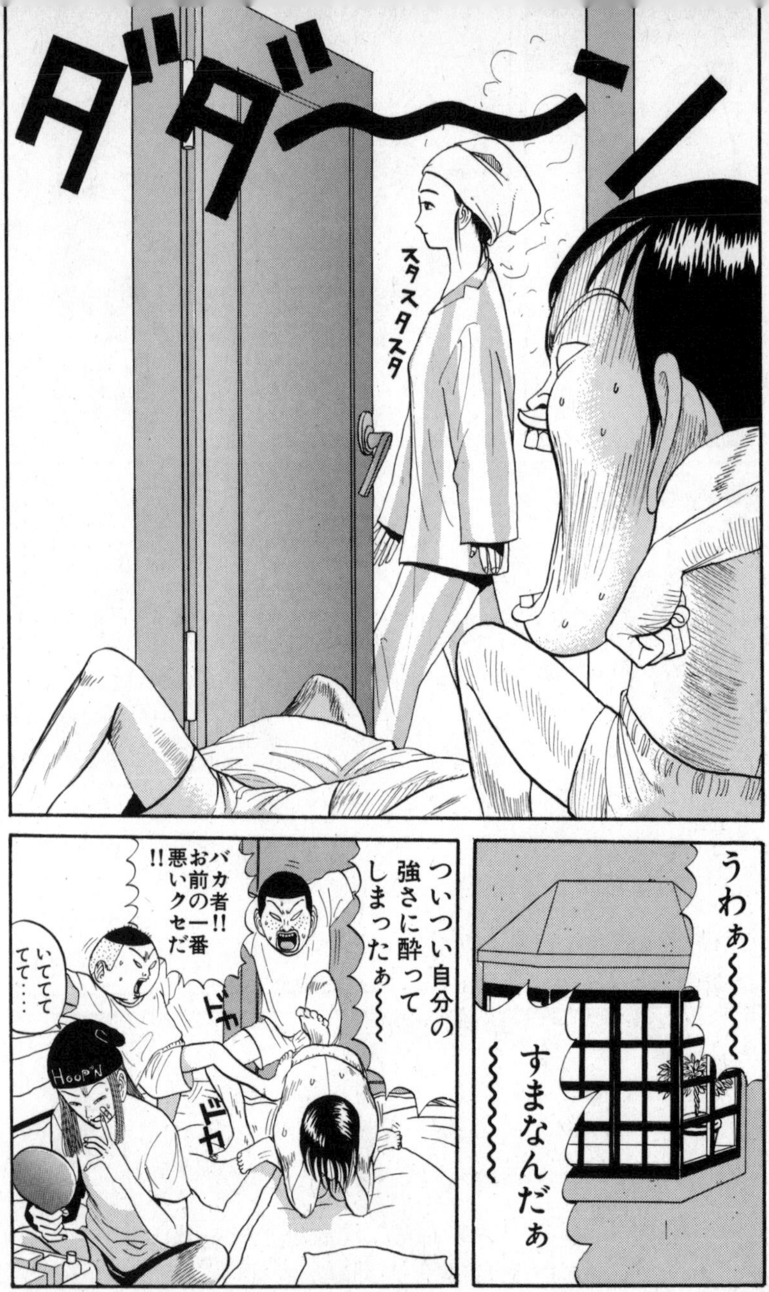
ダダ～～ン
スタスタスタ
うわぁ～～～
すまなんだぁ～～～
ついつい自分の強さに酔ってしまったぁ～～
バカ者!! お前の一番悪いクセだ!!
ドャ
ドャ
いててててて…
HOOP'N

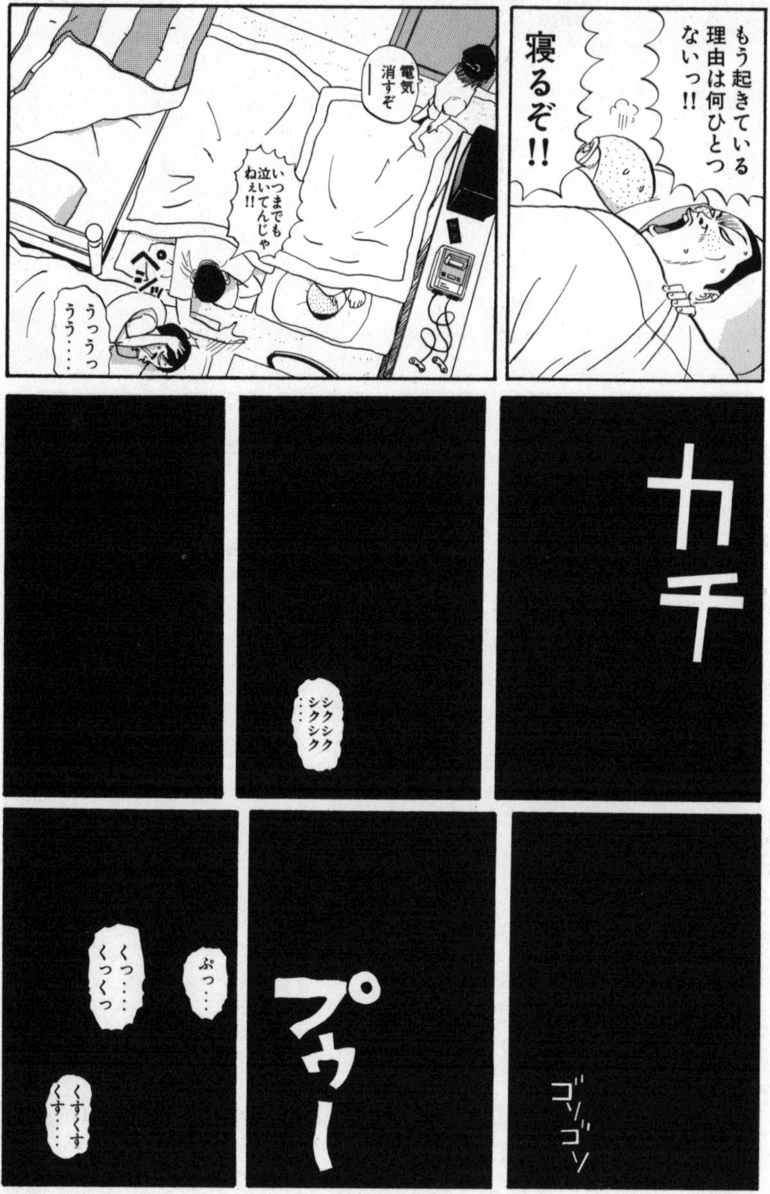
もう起きている理由は何ひとつないっ!!
寝るぞ!!
電気消すぞ—
いつまでも泣いてんじゃねぇ!!
ペシッ
うっうっうう……
カチ
シクシクシクシク……
ゴソゴソ
プゥー
ぷっ……
くっ……くっくっ
くすくすくす……

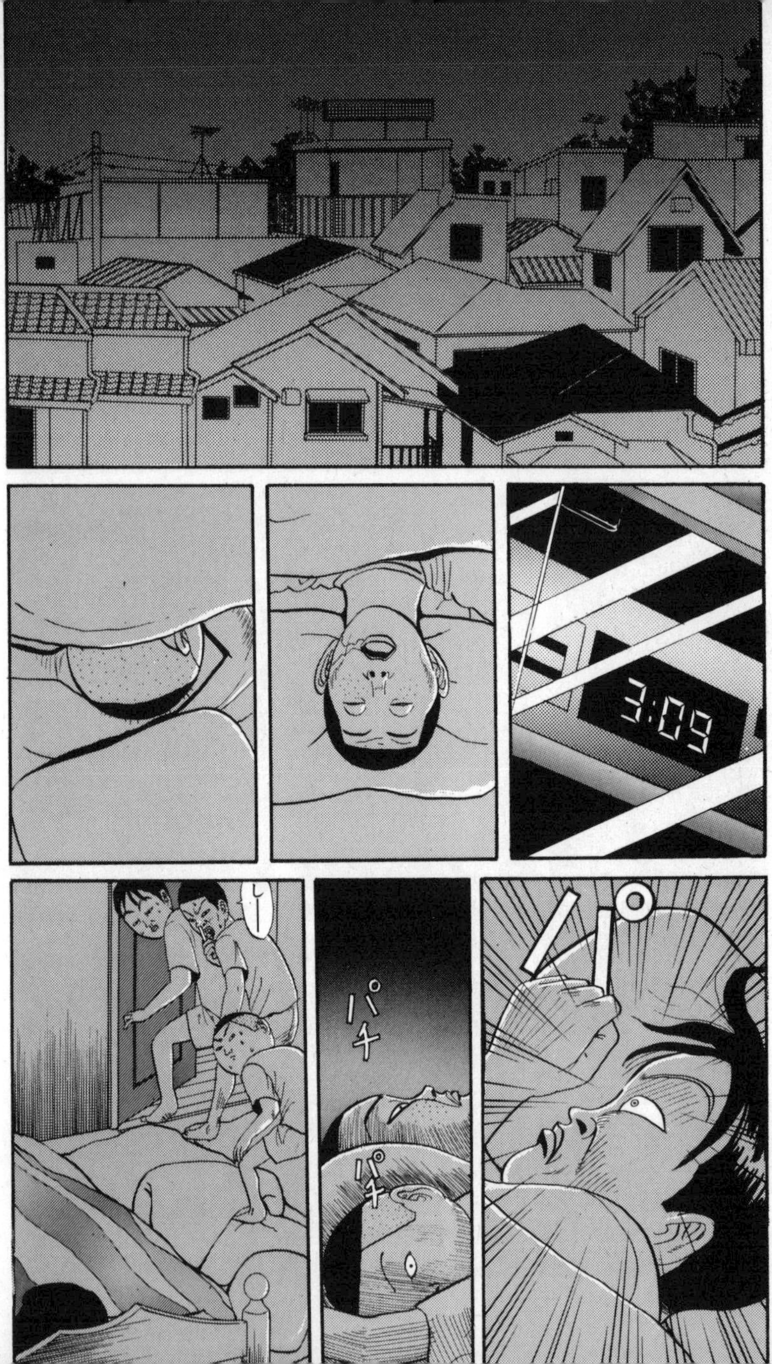
3:09
パ
パチ
パチ
しー

ガ……チャ……
ギィ
すー
すー
頼むぞ パンツ職人
「パンツ職人」とは眠っている女性の下着を
目を覚まさないように脱がしてしまう達人
とかく変態行為と間違われがちだが
成功すれば女性はただ眠っていただけで幸せ
男性は「脱がしたぞ!!」という勝利の味と
日頃ゆっくり見られないアソコを川の
せせらぎを見るようにゆっくり見られて幸せ
誰も傷つく事のない幸せをよぶ技なのである

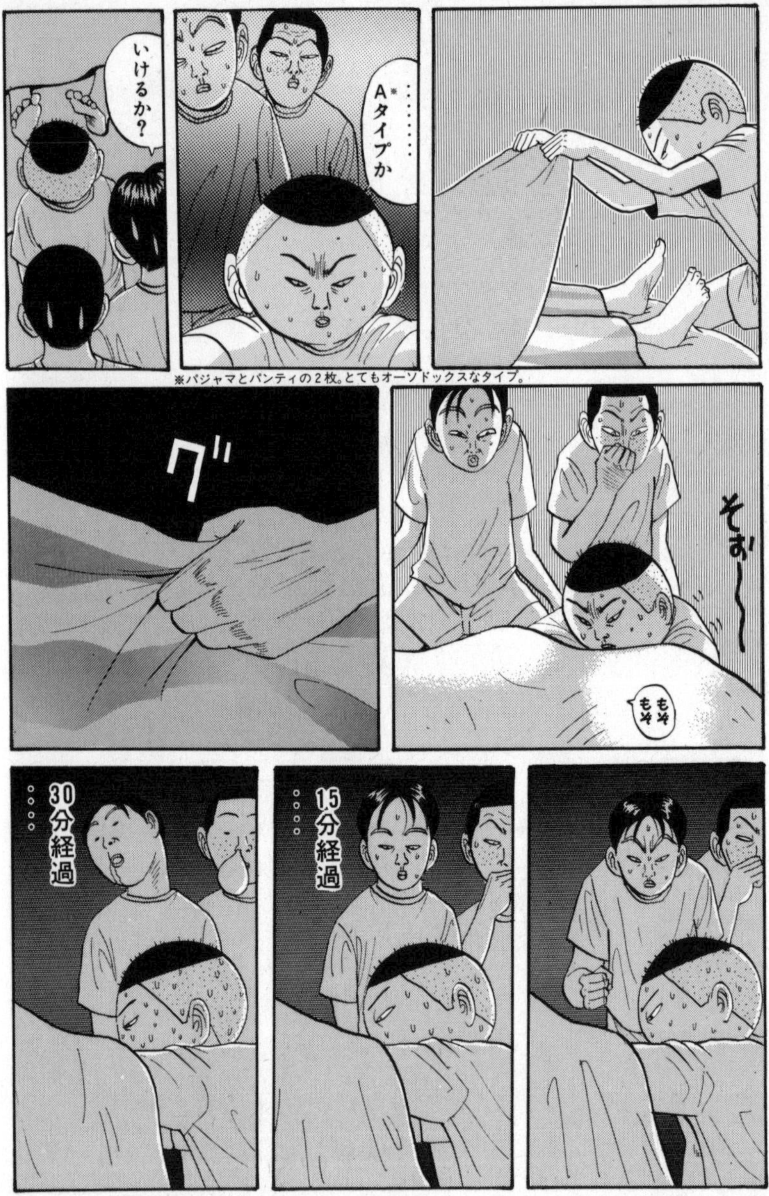
……Aタイプか
いけるか?
※パジャマとパンティの2枚。とてもオーソドックスなタイプ。
そぉ〜〜
もぞもぞ
グ
15分経過……
30分経過……

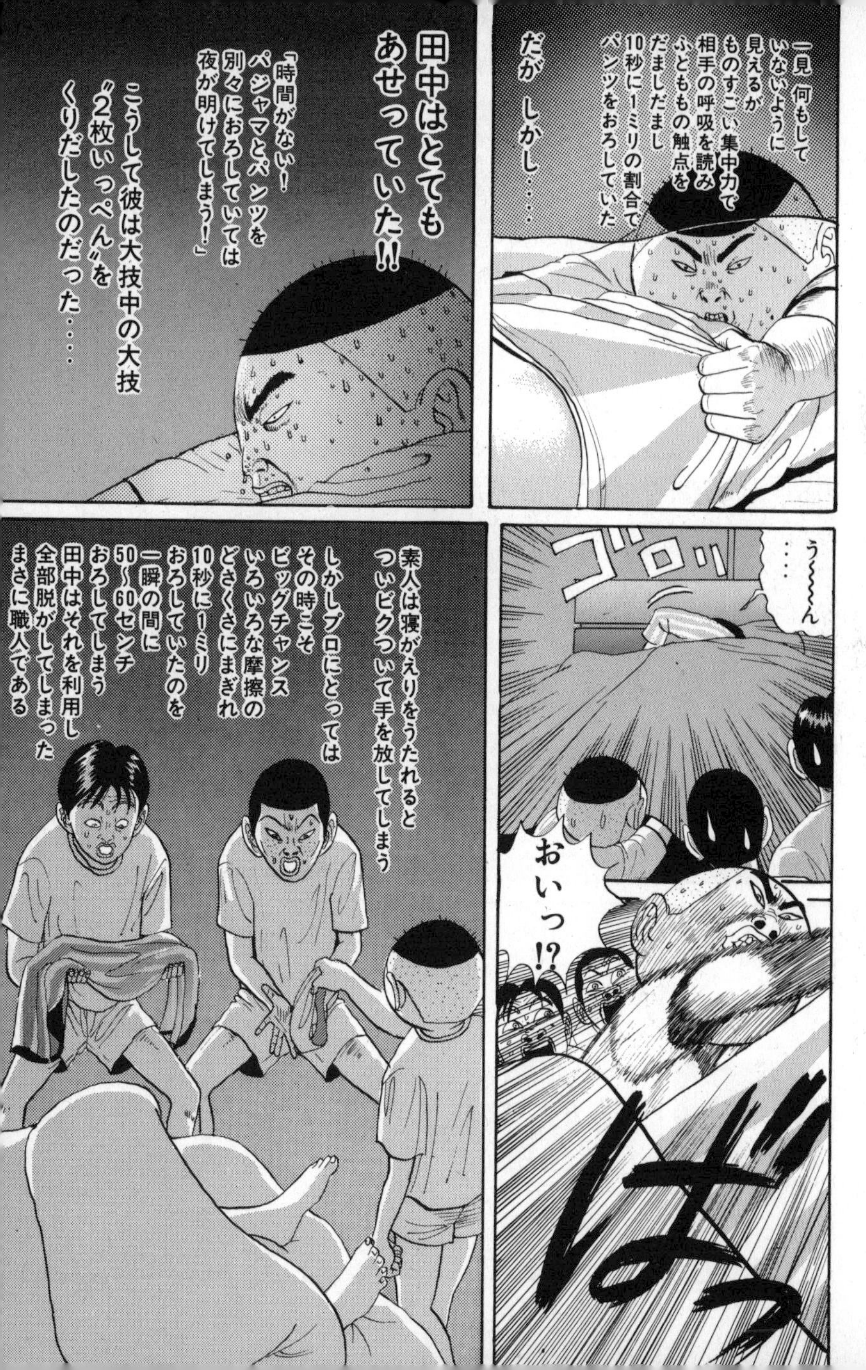
一見 何もしていないように見えるが
ものすごい集中力で
相手の呼吸を読み
ふとももの触点を
だましだまし
10秒に1ミリの割合で
パンツをおろしていた
だが しかし・・・
田中はとてもあせっていた!!
「時間がない!
パジャマとパンツを
別々におろしていては
夜が明けてしまう!」
こうして彼は大技中の大技
〝2枚いっぺん〟を
くりだしたのだった・・・
う〜〜ん
・・・・
ゴロッ
おいっ!?
ばっ
素人は寝がえりをうたれると
ついビクついて手を放してしまう
しかしプロにとっては
その時こそ
ビッグチャンス
いろいろな摩擦の
どさくさにまぎれ
10秒に1ミリ
おろしていたのを
一瞬の間に
50〜60センチ
おろしてしまう
田中はそれを利用し
全部脱がしてしまった
まさに職人である

う～～ん
むにゃむにゃ
な……なぁ
オレ実はさぁ……
大きくなったらパイロットになりたいんだ
いいのかな……？
こんな事してて……
ポン
じゃあ今日がお前の初フライトだね
まっ……前野……

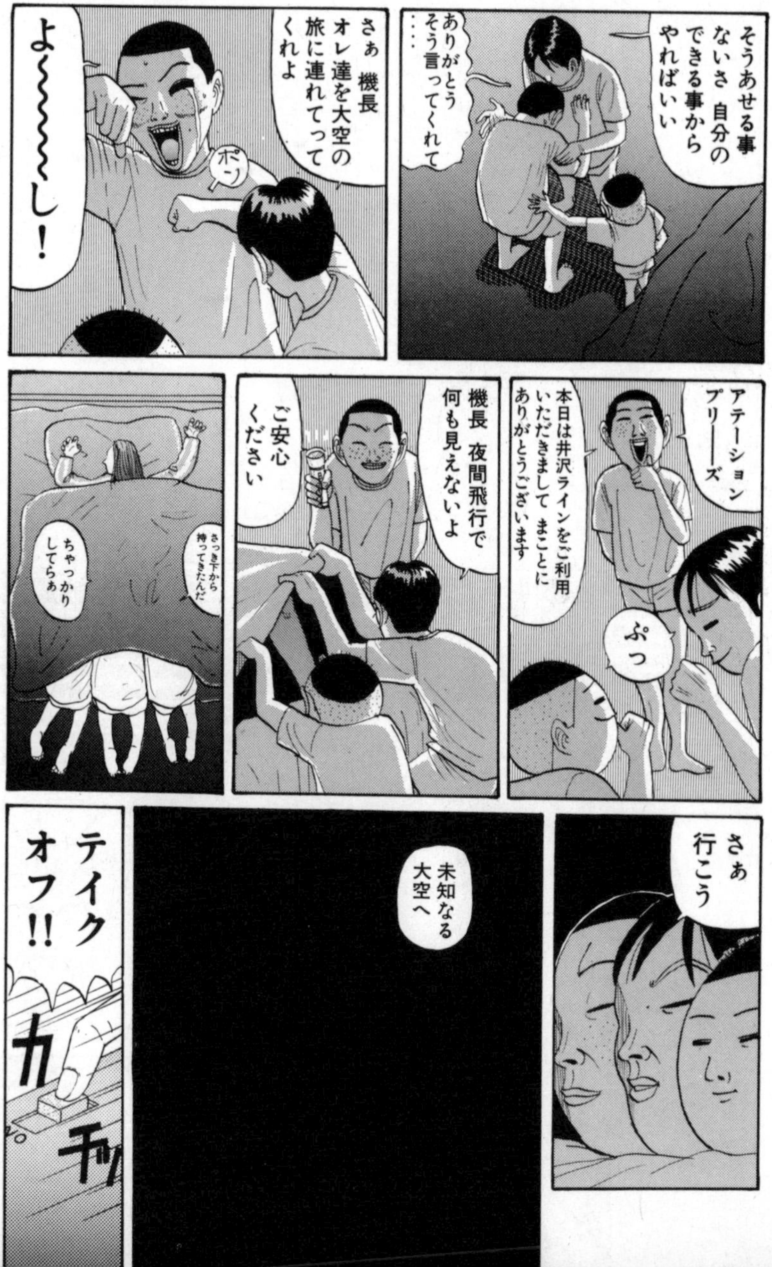
そうあせる事ないさ 自分のできる事からやればいい
ありがとう そう言ってくれて・・・・
さぁ 機長 オレ達を大空の旅に連れてってくれよ
ポン
よ〜〜〜〜し！
アテーションプリーーズ
本日は井沢ラインをご利用いただきまして まことにありがとうございます
ぷっ
機長 夜間飛行で何も見えないよ
ご安心ください
さっき下から持ってきたんだ
ちゃっかりしてらぁ
さぁ 行こう
未知なる大空へ
テイクオフ!!
カチ

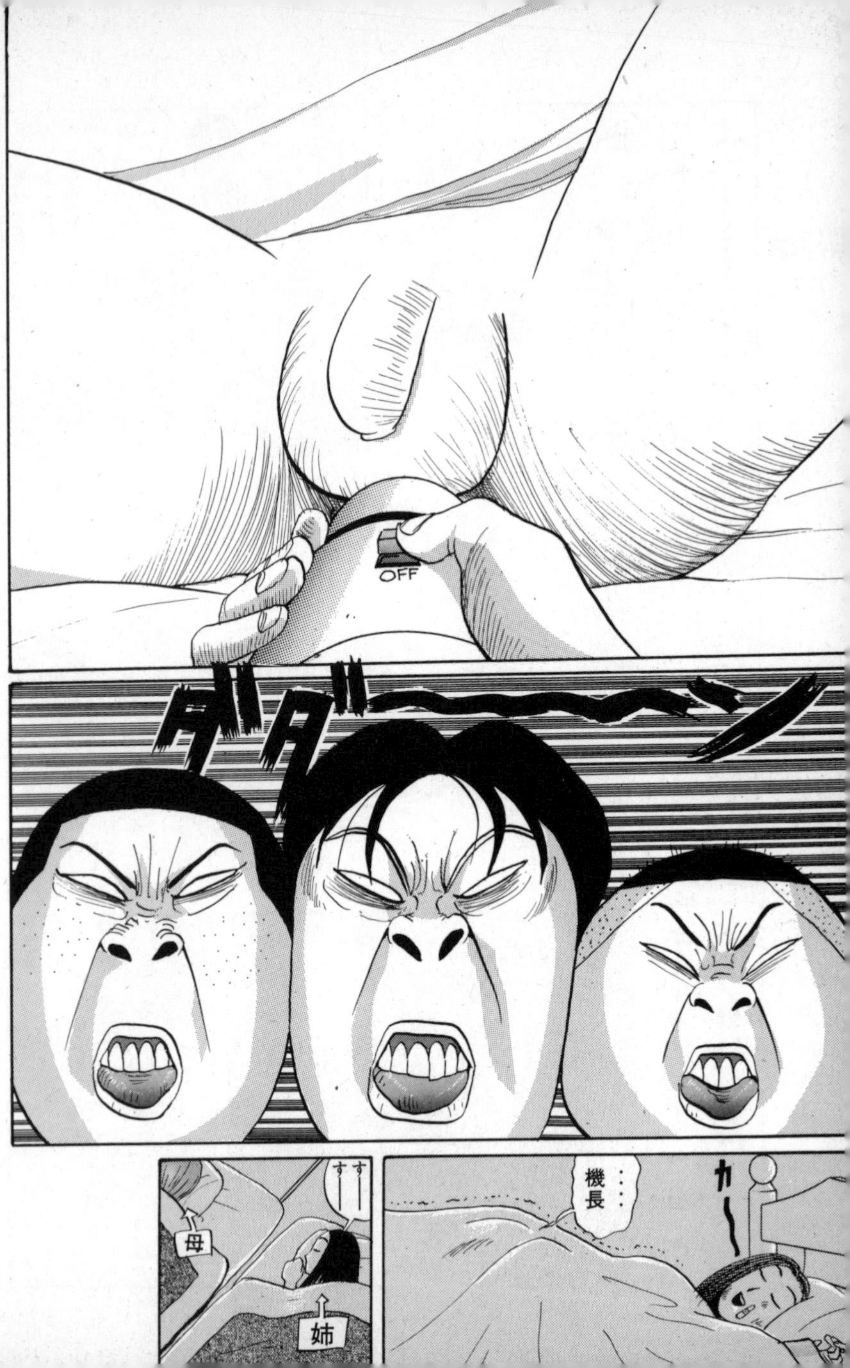
OFF
ダダーーーーン
カ〜〜
機長・・・
すーー
すーー
母
姉

その45　にせドランカー

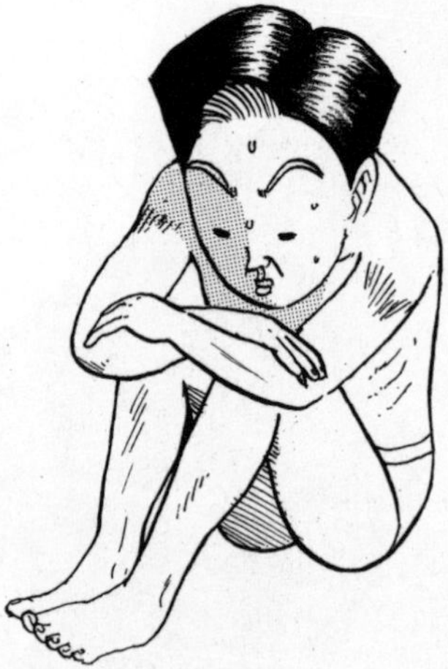

ぷはーーー
いや〜〜〜やっぱファンタは最高だよな!
ガラ
くぅ〜〜〜〜頭いて〜〜〜
どうしたカゼか?
二日酔いだよ
うそつけ 何 大人ぶってやがる
コラコラ 大きな声を出すんじゃない 頭ガンガンするだろ

おや？
君たち 何を
飲んでるの
……
ファンタ
何だ この野郎
カゲで笑うな!!
へぇ〜〜〜
あんた酒なんか
飲めたの？
いやぁ〜〜〜 井沢とかには
黙ってたけど オレ 酒好きでさぁ
飲まないともう寝られない状態！
昨日も秀ちゃんと飲みくらべ
してたんだなぁ〜〜〜
飲まないと
寝られない〜〜？
木之下ん家《ち》
行った時
飲んでなかった
じゃねぇか!!
あの日は
つらかった
なぁ〜〜〜
はっきり言って
オレから見たお前らは
こんな感じだぜ
井沢
田中
うんこ
キィ〜〜〜
くやし〜〜〜〜!!
ガラ
ちは〜〜〜
!?

ややぁ…… どうしたの 秀ちゃん？
名札 落ちてたよ
ねぇねぇ秀君 昨日 こいつ 酒飲んだ!?
じゃーね 秀ちゃん また 飲もう!!
昨日？
さぁ みんな 練習 練習!!
飲むどころか においかいだだ……
ドカッ!!
ぐはっ
ピシャ
うっ!!
じーー
お！ 酒がぬけて きたぞーー
おじさん がんばっ ちゃお♡

何て酒？
ねぇ……何て酒？
ねぇ
しつこいんだよ!!
銘柄ぐらい教えてくれよ
わかったようるさいなぁ!!
え〜〜っとホラ……あの黒いヤツ……
ジャ…………
ジャ……ジャ
ジャ？
ジャッキー&パピリオンズ
はぁ!?
ジャックダニエルじゃないの？
そうそれっ!!
いやぁ〜〜記憶なくすまでカックラっててさヘベレケだったのよ
ボルト二本はあけてたし
ボルトをねぇ〜〜

オレも聞いていい？
前野にとって酒とは？
恋人かな
アホですわ
そして翌日
やぁ前野
やっぱり昨日も？
ガンガン

ドーン
お前らはいいよなぁ
ファミコンとオナニーに
あけくれて・・・・
とにかくオレ
には酒しか
ねぇんだよ
JACK DANIEL'S
JACK DANIEL'S
OLD TIME
Old
No.7
BRAND
QUALITY
Tennessee
SOUR MASH
MADE IN TENNES
ED AT THE DISTILLERY
NO NO NO!
スタスタ
ミー?
イエス
イエス
プレゼント
フォー──
ユー──
ワ〜〜〜〜〜オ

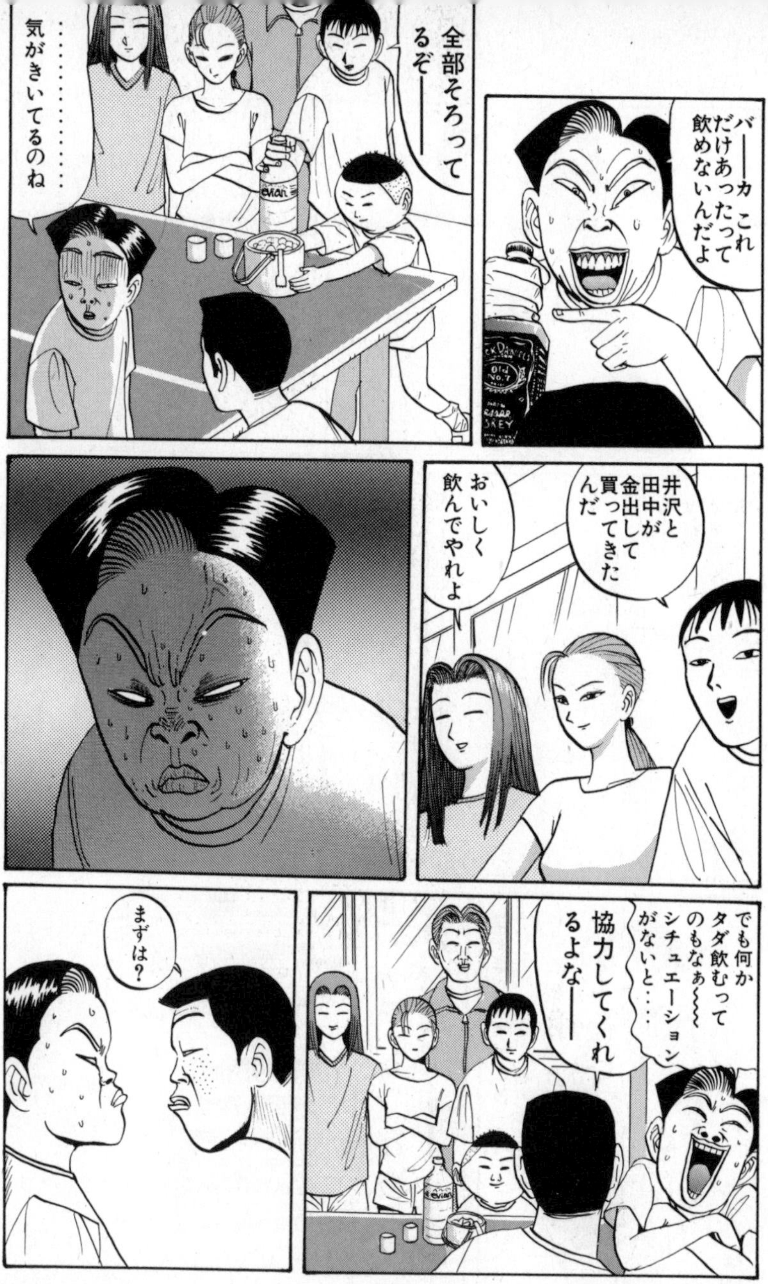
バーーカ これだけあったって飲めないんだよ
全部そろってるぞーー
……気がきいてるのね
井沢と田中が金出して買ってきたんだ
おいしく飲んでやれよ
でも何かタダ飲むってのもなぁ〜〜シチュエーションがないと……
協力してくれるよなーー
まずは？

え？
社長……今何と？
クビだよクビ
今はやりの指名解雇ってやつさ
どーーして私がーー二十年もつとめてきたんですよーーー!!
二十年だろうが二日だろうがいらないモノはいらないんだよ!!
そっ……そんな!?

ちきしょ——
訴えてやる——
ガラッッ
おかえりなさいアナタ
おかえりパパ
でーん
かーさん
……
……酒だ……
は——い
どーぞ——
どうしたのアナタ
さっ
グ——と
いっきに♡

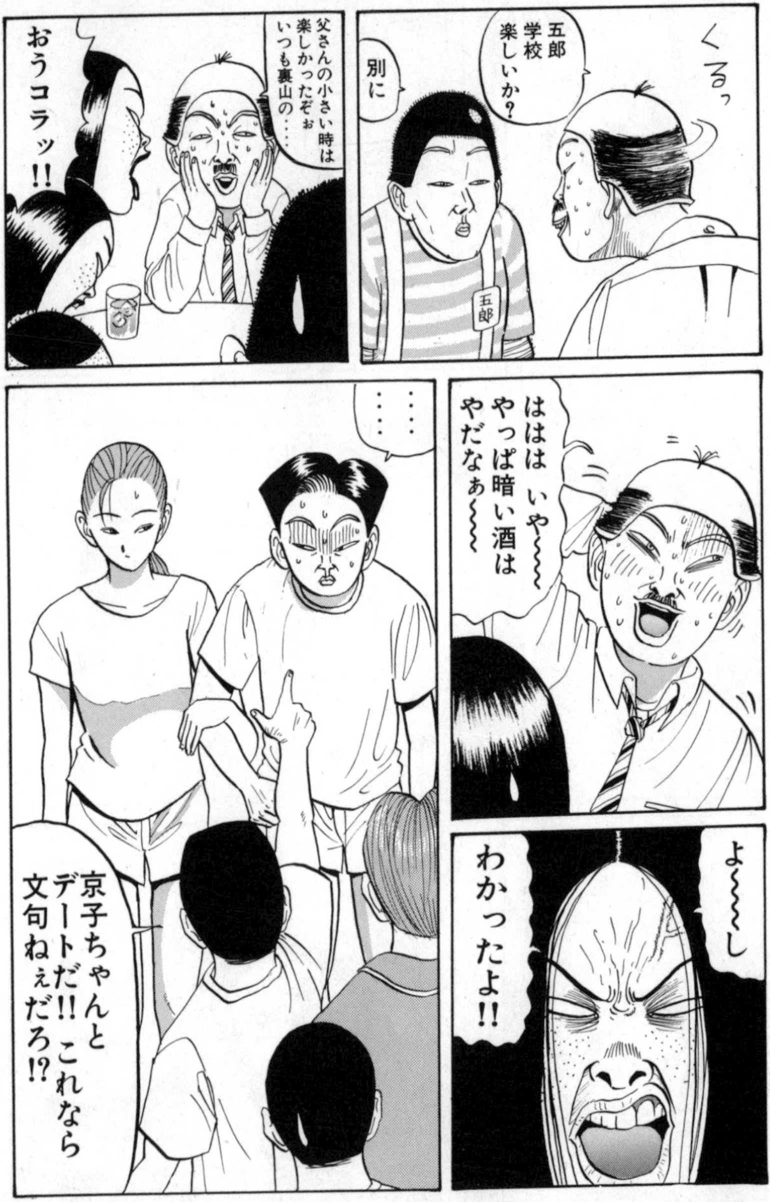
くるっ
五郎 学校 楽しいか?
別に
五郎
父さんの小さい時は楽しかったぞぉ いつも裏山の……
おうコラッ!!
ははは いや〜〜〜 やっぱ暗い酒はやだなぁ〜〜〜
よ〜〜し
わかったよ!!
京子ちゃんとデートだ!! これなら文句ねぇだろ!?
……

いらっしゃいませ
うっ…
やぁ マスター いつもの ある？
前野様
ん〜〜〜〜〜
くん くん
十二年だね
何が？
いや だから これが……
それの 何が 十二年？
ねぇ 何が？
ん？
だからぁ〜〜 十二年間もぉ〜〜……
ゴロゴロ してた
ゴロゴロ してたぁ——!?

いいからつくってくれ
どうします？
ツーフィンガーーだツーフィンガーー
お
つーーーーひんがーーー!?
あれ〜〜〜もしかしてマスター
ツーフィンガーも知らないの〜〜〜〜？
そんなんでよくバーテンなんかやってるねぇ
スポーツ刈りだし♡
かしこまりました
トクトクトクトク
カラン

お待たせ
いたしました
いっけね〜〜〜
失礼しました♡
ブスッ
あふっ
ど…どうも…
?
ふ〜〜〜やっぱこっちか
かんぱ〜〜〜い
?飲まないの?
カタカタ

ぐい
ぐい、
ぐい
ふぅ〜〜……
ぐいっ
おおっ!!
チー
するな——

どーーもすみません
でしたーー
僕 こんなマズイの
飲めませーーーん!!
大人ぶって ミエはる からだぞ
よ〜〜し 練習再開ーー
う〜〜 う〜〜
バカだなぁ
ゴ…… ゴメンよ 井沢……
もう いいよ…… それより

ほら
ああっ
ファンタやぁ〜〜〜〜〜〜
ファンタ
オレンジ
わ〜〜〜〜〜〜〜〜い
ファンタ大好き〜〜
ボクも
大好きー—
ぴょん
ぴょん
わぁ〜〜〜〜〜〜〜
おい
竹田
ほっとこ……

てやーー
ファンタオレンジ!!
グレープ!
パンチッ!!
我ら稲中ファンターーズ!!
おじいさんチェリーのポストがあいてます いかがですか?
てやーー

わかったよ——
わかったからはなしてくれ——
くっせぇ——
たぁ〜〜けぇらぁ〜〜〜〜愛してるよぉ〜〜〜〜
？
ん・・・・
うぅ‥‥吐くっ吐くぅ
バカちょっと待て岩下!!
寝込みを襲おうとじっと待つファンターズ

その46　竹田、おっぱいをもむ

ああっ!!
部室一番のりだ――――!!
みんなが来るまで
あと十分ほど
……
この十分はオレだけのもの
神ですら見落とす空間
オレが神だっ!!

ひゃ〜〜〜〜〜
卓球台ひゃっこ〜〜〜い!!
ぐり
ぐり
気持ちいいい♡ いいい♡
この聖なる卓球台で奴らは汗を流し青春を謳歌する!!
オレがポコチンをすりあてたのも知らずになぁ!!
ぐり
ぐり
がっはっはっはっ
ピピピピピ〜〜〜
(男なら〜〜〜)
うっ!?
ガラ
ああ!!
部室一番のりだぁ〜〜〜〜

いける!!
五分もあれば
余裕で
いける!!
……
あ〜〜ん
ダメだよ
京子ちゃん
……
はぁはぁ
はぁ
はぁ
ぐいいいいい
やめて……それ以上は
あげないでくれ……
↑
岩下京子の
ジャージ
スタスタ
スタ……
アイヤ〜〜
玉ワレチャウ
ヨォ〜〜〜
キュッ
キュッ
キュッ
キュッ
ガラ
あっ!!
部室
一番のり
だぁ〜〜〜〜

・・・・
・・・・
見てたの？
ごめん
・・・何やってんだあいつ
チンチンのっけてポーッとしてるぞ
!!
ちょっと遅くなったな
おーーーす遅れて・・・・
ガラ
あれ？
誰も来てないじゃん

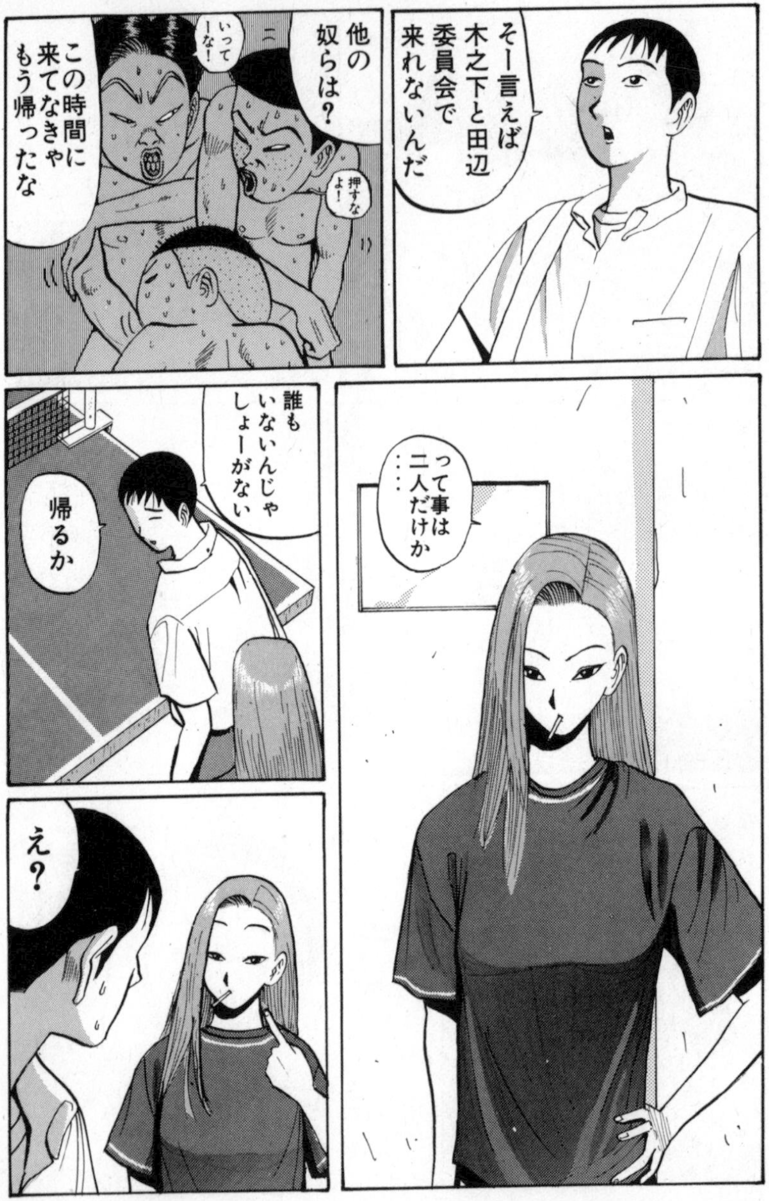
そー言えば
木之下と田辺
委員会で
来れないんだ
他の
奴らは？
いってーな！
押すなよ！
この時間に
来てなきゃ
もう帰ったな
って事は
二人だけか
……
誰も
いないんじゃ
しょーがない
帰るか
え？

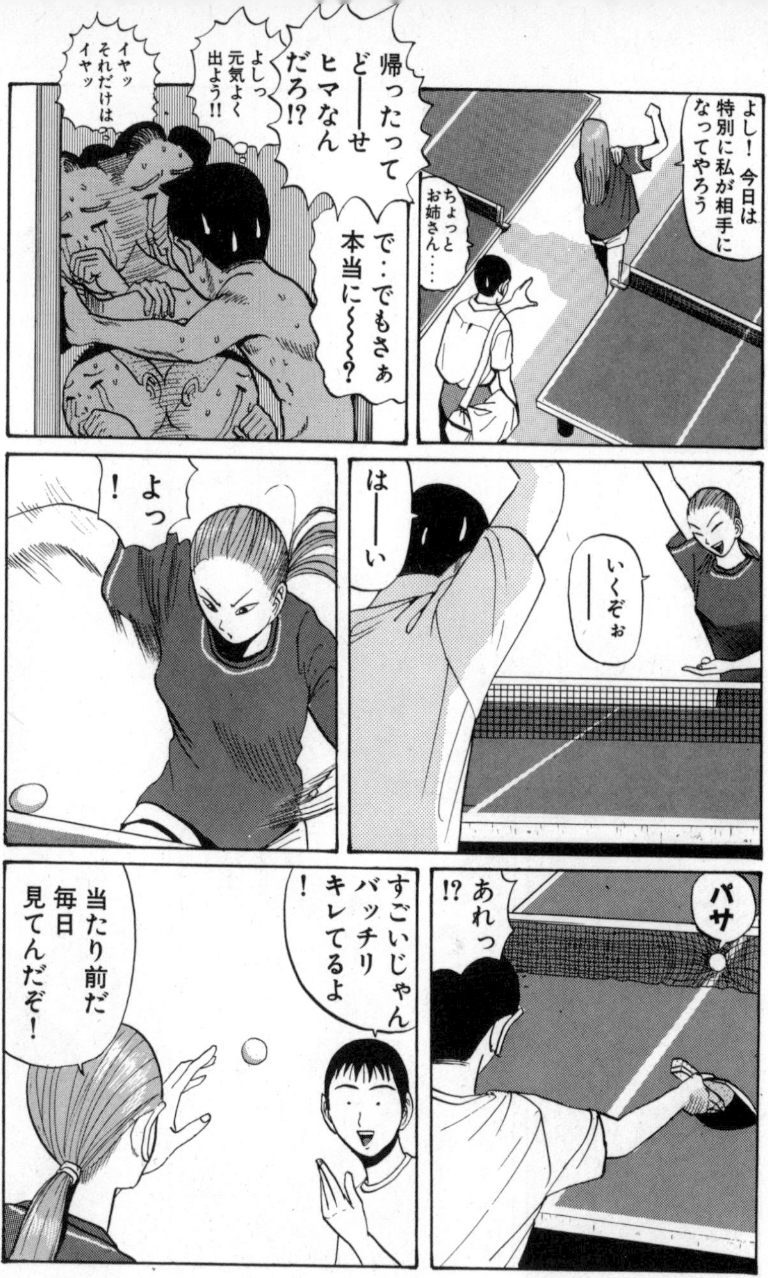
よし！今日は特別に私が相手になってやろう
ちょっとお姉さん‥‥
帰ったってど——せヒマなんだろ!?
で‥でもさぁ本当に〜〜〜?
よしっ元気よく出よう!!
イヤッそれだけはイヤッ
は——い
いくぞぉ——
よっ
!
パサ
あれっ!?
すごいじゃんバッチリキレてるよ
!
当たり前だ毎日見てんだぞ！

ほっ！
りす……
てやっ!!
す……すいか
か？
とりあえずシリトリをする男達
はっはは
はい右ぃ〜〜〜
左ぃ〜〜〜
お！よく追いついた！
パキッ
くそっ
はず〜〜れ——
ああっ!!
もうダメ!!
終了

ふぅーー
でも本当にうまいよ 前野なんかより ぜんぜん強い
何か 飲み物 買ってくる？
私も 行く
？
引っぱって
はい どーも
あ〜〜〜 疲れた〜〜〜

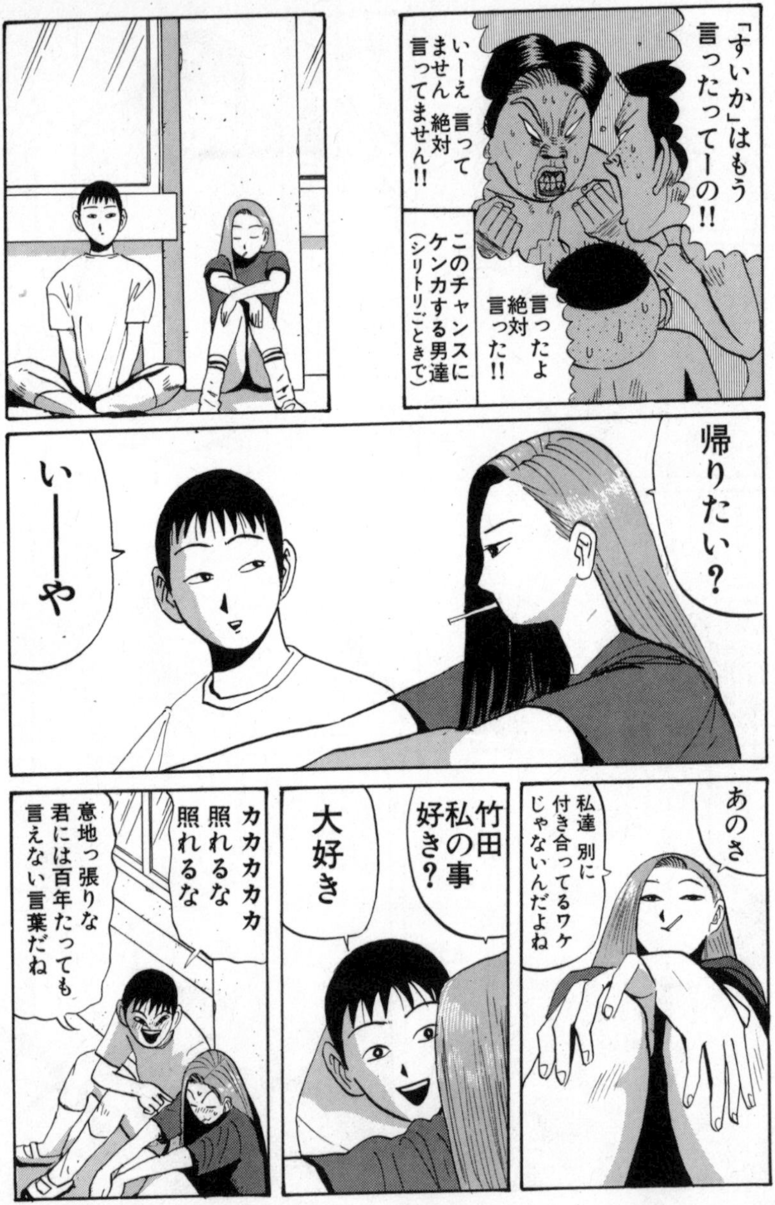
「すいか」はもう言ったってーの!!
いーえ 言ってません 絶対言ってません!!
言ったよ 絶対言った!!
このチャンスにケンカする男達(シリトリごときで)
帰りたい?
い――や
あのさ
私達 別に付き合ってるワケじゃないんだよね
竹田 私の事好き?
大好き
カカカカカ 照れるな 照れるな
意地っ張りな君には百年たっても言えない言葉だね

私は別に言う必要ないから
あら？
こないだ酔っぱらってみんなの前で叫んでたぜぇ
竹田ぁ〜〜〜〜愛してるよぉ〜〜〜〜って
記憶なし
酒くさかったけどうれしかったなぁー
なぁ 誰もいないんだよ
ちょっとはさぁ……その

何してんの？
カップルらしいだろ
失礼しま〜〜〜す
？
おおいい感じ
こりゃ幸せだぁ・・・・
ねぇ
ん？
今一番したい事があるでしょ

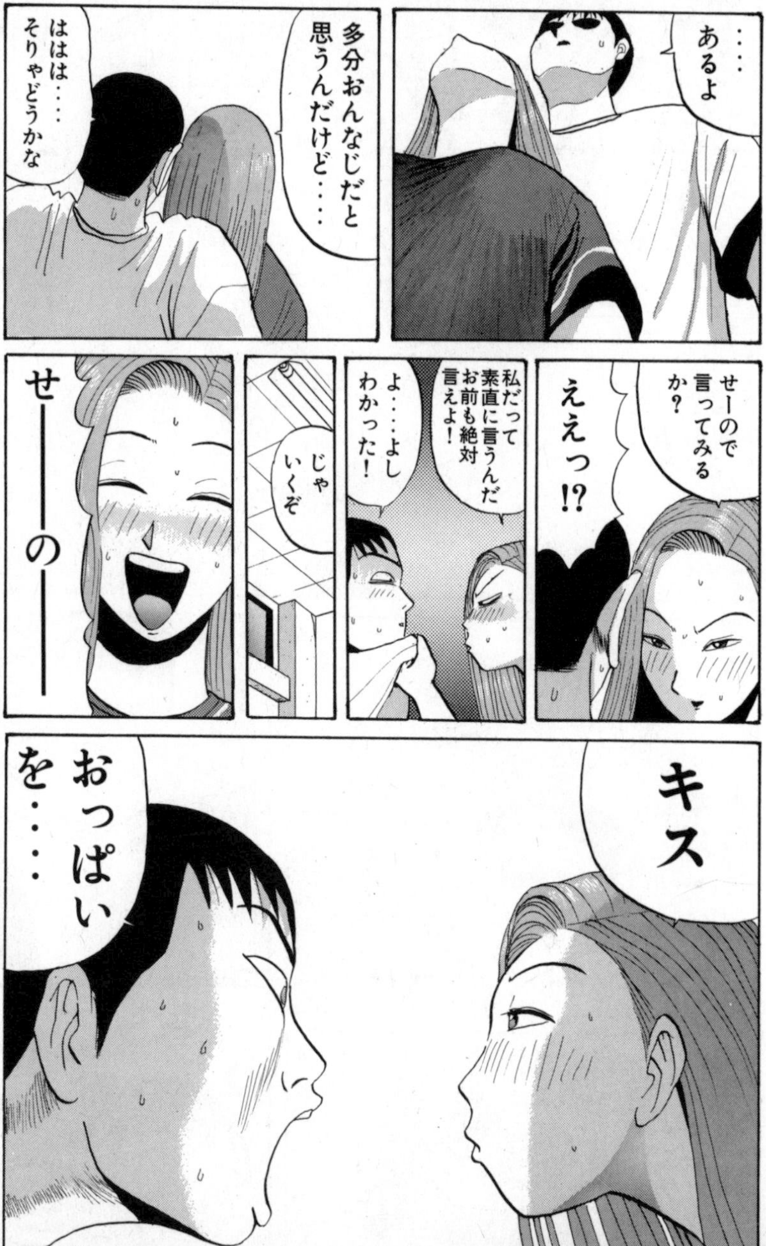
・・・・あるよ
多分おんなじだと思うんだけど・・・・
ははは・・・・そりゃどうかな
せーので言ってみるか？
ええっ!?
私だって素直に言うんだお前も絶対言えよ！
よ・・・・よしわかった！
じゃいくぞ
せーーのーー
キス
おっぱいを・・・・

さー
ガば
今おっぱいって言ったろ?
本当?
本当本当!!
うぅううん
やっぱやめた!
ぐお―――

悪《ワリ》ィな こういうの 初めてなんで …その
触って いいよ
へ？
おっぱい 触って いいよ
…怒ってる？
怒ってない 本当にいいの！
…じゃあ お言葉に 甘えて……
はい
す
え？

ちょ——っと待った!!
ダイレクトなの!?
あったりめーだ!!
うそお——
ん!!
ピクッ
「おっぱい」 竹田
今日、僕は岩下さんのおっぱいを触りました。やわらかくって、あったかくって、とても幸せな気持ちになるおっぱいって、不思議だなぁと思いました。
モモソソ
京子ちゃんの動きが止まった
竹田が大人になっていく・・・・
・・・竹田・・・・
・・・竹田

止めなきゃ
あの二人を止めなきゃ!!
でもここと外の空気が違いすぎる
竹田
岩下
ココ
あまりにも!!
そのうえあの二人を見てチンチンがパンパンにふくらんでいる
…何と情けない
井沢
止めてこい
隊長! 申し訳ありません 自分にはムリです
のぞいてチンチンふくらまして「やめろ――」などと死んでも言えません!!
フンッ
腰抜けが
どけっ オレが行く
ムチャですよ 隊長殿のポコチンもはちきれんばかりじゃないですか そんなんでどうやって!?

オレの生きざま
とくと見てろよ!!
おりゃあ
えへへ
えへへへへ
オイラも
もむう〜〜〜
なぜ戻ってきたのでありますか!?
立派になったな
……竹田……
こうして竹田と岩下は徐々に肉体を求めあっていった

その47　根性あります

はっきり言おう
オレはお前らより根性ある
そうやってあるあるって吠える奴ほど・・・
なぁ
何を——!?
オレはすごいんだぞ靴万引きした事あんだから!!
うちのクラスの秀ちゃんなんかテレビだと思って電子レンジとってきちゃったぜ
だいたい万引きで根性アピールするなんて・・・・
なぁ
じゃ・・・・じゃあ
こーゆーのはどーだ

カコン
カコン
チョープ!!
ドサ
おお!!

い……
たぁ―――い!!
待て――
この野郎ぉ――
はい
五百円
いや――
まさか本気の
チョップとは
思わなかったよ
へっ……まぁ
こんなもんよ

さて・・・お前らは何をしてくれるんだ？
そうだチビ！何やってくれんだ!?
!?
くそぉ〜〜〜
ヒリヒリ
うおー

ブス
なっ!?
バキッ
ドカ
ゴッ
やンのかコラァ――!?
いやぁ~~~実に見事だったよ‥‥
カンチョーしといて怒るとは根性あるなぁ

ふっ
大丈夫か？
さてと・・・・
じゃ 僕はこれで・・・・
ちょっと待ってみようか 前野君
男らしくないなぁ 今帰ったら一生腰抜け呼ばわりだよ
それでもいいの？
バカヤロ〜 これ以上京子ちゃん 怒ったら本当に殺されるぞ
二千円
何でもするよ
くっそ―― 何なんだ ムカつくなぁ

おい……鉄蹴ってるぞ……
ガ
ガ
気のせいだ早く行け!
!!
キッ
そこで何してんだよ
……別に
テメーそれ以上近づいてみろ
マジで金玉割るぞ!!
聞きました奥さん?

とりゃあ
おお 行った——
バキ
ドカッ
ボゴッ
かんべんしてください
全部 井沢君と田中君がムリヤリ・・・・
度胸だめしだと——!?
僕はやだったんですよ でもあの二人が
あのヤロォ〜
あいつら呼んでこい
え?
いいから呼んでこい!!
はっ はい!!

ねぇ
呼んでるよ……
お前
超
腰抜け!!
そこに
いんのか――
うわぁ
逃げろ――
何だよ?

ちきしょ〜〜〜
井沢と田中の分際でシカトなんかしてやがる
確かにさっきのはマズかった‥‥中学生活でベスト5に入るほどの汚点だ
ここで一発キメないと‥‥奴らの記憶をフッとばすようなすごいヤツを!!
キャー
キャー
キャアーー
ステキーー
しゅごぉ
車にタックル!!
‥‥‥死んでしまう
卓球界のカールゴッチ
岸本ありさ
ん?
ピタッ
コンコン

やったらいくらくれる?
卓球界のカールゴッチ
岸本
やるって何を?
SEXを
うそつけ――!!
いくら出すっつってんだよ――!?
よ――し 本当にやったら 一人二万円ずつ出してやるよ!!
計四万だすげーだろ!?
ズードン

おう‥‥お前か
歩いてたら気持ち悪くなっちゃって‥‥ちょっと休ませてもらえない？
何じゃだらしないのぉ
バタン
さぁ‥‥横になってろ
すまんこってスたい

そうじゃ ええもん 見せて やろう
がばっ
まっ!! いきなりか!?
いやぁ〜〜〜
さわ さわ さわ
ははは はは・・・・
どうじゃ すごいじゃろ
人間 鍛えれば 何でもできる!!
すげぇや 触角みてぇだ ・・・・
でもな バアさん・・・・
オレだって 男なんだぜ!!
ガッ

いったぁ――!!
ちゅう
ちゅう
ちゅう
しょっぱい……
ぬかみそもんどったからの……
じゃあゆっくりするんだね
何やってんだ押し倒せよ――
わかってるよ!!
何ならギブアップしてもいいんだぜ
口ばっかし君
ぷす
ばっ
うおっあぶねぇ――

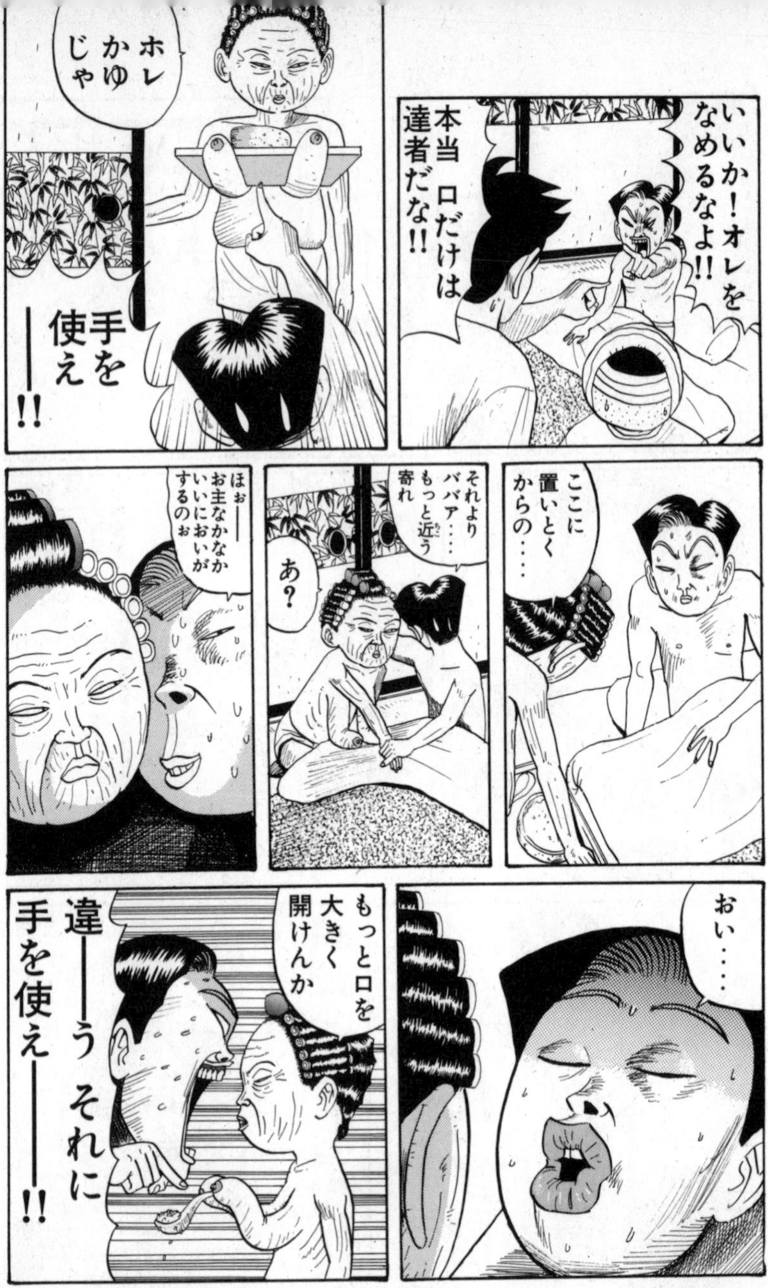
いいか！オレをなめるなよ!!
本当 口だけは達者だな!!
ホレかゆじゃ
手を使え――!!
ここに置いとくからの‥‥
それよりババア‥‥もっと近《ちこ》う寄れ
あ？
ほぉ――お主なかなかいいにおいがするのぉ
おい‥‥
もっと口を大きく開けんか
違――う それに手を使え――!!

え〜〜〜い
ガバ!!
うわっ
やった!!
アリサ――
好きだぁ――
ぶちゅ
わっし
ああ〜〜〜
おいしいよ
おいしいよ
アリサァ〜〜
グッチャ
ズッチャ
グッチャ
グッチャ
やけになってる!!

ホホを染めるなぁ!!
なっ何なん
じゃ お前は!?
何か
許せーーん!!
もういい！根性ある
のはわかったから
もうやめてくれ!!
あんたは
鬼やーー
〔第5巻につづく〕

あなたは、この本を読んで、どんな感想をおもちになりましたか。

編集部では、この本についての読者のみなさまのご意見をおまちしています。

このつぎには、どんな作家のどんな漫画を読みたいと、お考えですか。「ヤンマガKCスペシャル」にしてほしいと思う作品がありましたら、「読後の感想」とあわせて、左記あてに、どしどしお知らせください。

東京都文京区音羽2—12—21
〈郵便番号112—01〉
講談社「ヤングマガジン」編集部
ヤンマガKCスペシャル係

（ヤングマガジン1994年第15号〜第17号、第19号〜第27号の掲載分を収録しました。）

ヤンマガKCスペシャル—487

行《い》け！稲中《いなちゅう》卓球部《たっきゅうぶ》④

1994年9月6日 第1刷発行
1997年6月20日 第18刷発行

定価はカバーに表示してあります。

著者 古《ふる》谷《や》実《みのる》
発行者 五十嵐隆夫
発行所 株式会社講談社
東京都文京区音羽2—12—21
郵便番号112—01
電話 編集部(03)5395—3461
販売部(03)5395—3608
印刷所 豊国印刷株式会社
三晃印刷株式会社
製本所 永井製本株式会社

落丁本・乱丁本は小社雑誌業務部にお送りください。送料小社負担にてお取り替えします(電話03-5395-3603)。なお、この本についてのお問い合わせは、ヤングマガジン編集部あてにお願いいたします。

講談社

ISBN4-06-323487-8 (ヤマ)

Printed in Japan

この六人＋αが皆さんを笑い

竹田

部長。稲中卓球部の良心的存在だが、カラダは大人でパイもみ経験有り。

木之下

副部長。クールなナイスガイで女にモテるが、本命なし。チンチンに毛がない。

井沢ひろみ

矢吹ジョーを信奉しているおバカさん。ケンカは弱い。意外と気が小さい。

岩下京子

マネージャー。一見、不良っぽいがカワイイところもある。女王様タイプ。

神谷ちよこ

井沢を教官として卓球部に出入りするようになる。バスト89㎝のナイスボディ。

柴崎先生

顧問教師。〝おまかせ柴ちゃん〟と呼ばれ、教師の中での使いっ走り。博多出身。

既刊

ヤンマガKC

BE-BOP-HIGHSCHOOL きうちかずひろ ①〜32

3×3 EYES 高田裕三 ①〜25

天然少女 萬 こしばてつや ①〜15

BLACK BRAIN サガノヘルマー ①〜8

湾岸ミッドナイト 楠みちはる ①〜⑦

頭文字《イニシャル》D しげの秀一 ①〜⑦

ドラゴンヘッド 望月峯太郎 ①〜④

賭博黙示録 カイジ 福本伸行 ①〜④

U・G・メジャー コージィ♡城倉 ①

発行／講談社

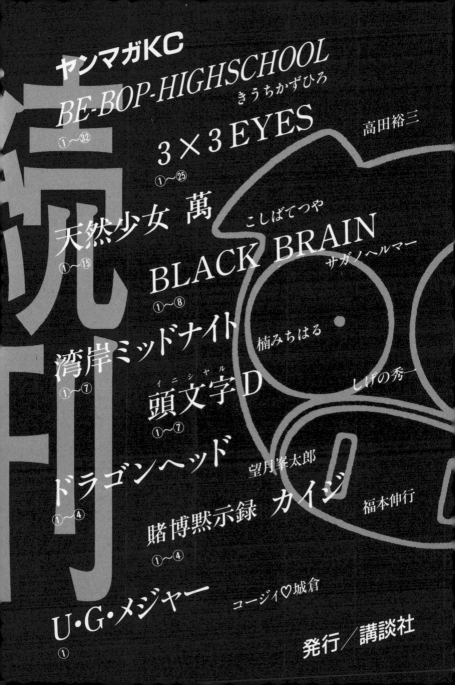